感性のことば《オノマトペ》を研究する

新装版

擬音語・擬態語に読む心のありか

苧阪直行【編著】

新曜社

まえがき

カサカサと秋の森の落ち葉を踏みしめる、きのこがニョキニョキと土から顔をのぞかせる、コーヒーの湯沸かしのふたが蒸気でカタカタ鳴っている、ワクワクと期待に胸をはずませる、など、わたしたちの日常には擬音語や擬態語があふれている。擬音語や擬態語がさまざまな表現に加えられることによって、毎日の談話が新鮮さに満ち、ことばが彩られ、さらにそのリズムによって音楽性が豊かになるといってよいだろう。「彼は英語をペラペラしゃべる」という言い方と、「彼は英語を速く巧みに話す」という表現をくらべてみてほしい。

わたしたちが、見たり聞いたり感じたことを無意識に擬音語や擬態語という感性表現語であらわす能力をもっていることは驚くべきことである。日本の文学や詩歌も擬音語や擬態語という「感性のことば」によって豊かでつやのある情感を表現してきた。「春の海ひねもすのたりのたりかな」にはおだやかな波のうねりを通して蕪村の感性の世界が伝わってくるようだ。一方、擬音語や擬態語は乳幼児が好んで使う「感覚のことば」でもある。ニャンニャンやワンワンという擬音語を通して、子どもは猫や犬を理解してゆく。

本書は、擬音語と擬態語を「感覚（感性）あるいは身体のことば」としてとりあげ、擬音語や擬態語がもつユニークなはたらきをわたしたちの心のはたらきを通してみてゆく。擬音語や擬態語は五感の感性を基盤にしながら豊かで微妙なしかしダイナミックな感性表現を育んできた。強く感覚イメージを喚起する性質は広告、キャッチフレーズやマンガにも利用されてきた。このことばを通して感覚と言語が重なり合う豊かな、そしてユニークな心の世界が見えてくるのである。

擬音語や擬態語は身近な存在だが、その心理学的研究や調査は意外なことにほとんどない。本書は、擬音語や擬態語について認知心理学的あるいは認知科学的視点からその全貌をとらえようとする初めての試みである。擬音語や擬態語が照らし出す実にユニークで楽しい心のはたらきの探求をおこなう新しい学問領域があることが示されている。まず、擬音語や擬態語の連想基準表を作成し、これをもとに言語や知覚の心理学、五感への分類、記憶や連想、感情や比喩、国際文化比較、さらにその発話や理解が乳児やこどもの成長や発達とどうかかわるのか、などについて調査、実験や統計分析を試みている。言語、発達、知覚、比較文化など多様な領域を擬音語と擬態語によって鳥瞰してみようとする読者に読まれることを期待したいと思う。

1999年6月

苧阪直行

目　次

装幀＝新曜社デザイン室

1章 擬音語・擬態語の認知科学

擬音語・擬態語は「感覚あるいは感性のことば」でもあり「身体のことば」でもあるユニークな存在である。「ことば以前のことば」とみなされる場合もある。また「音楽のことば」の一面ももっている。言語学的には、その機能や構造が明確に位置づけされているわけではない。また心理学的にも、擬音語・擬態語の認知のプロセスを実験的に検討した研究はほとんどないといってよい。

この本では、「感覚のことば」あるいは「身体のことば」である擬音語・擬態語という未開の荒野に、認知科学のメスを入れてみたいと思う。そして、記憶、知覚、発達、言語、社会や比較文化などの視点から新たな光を当て、ことばから感覚と身体を考えてみたい。この新しい学問研究の分野を「擬音語・擬態語の認知科学」と名づけよう。感覚・感性と身体をことばを通して分析する学問である。

◯擬音語と擬態語

「擬音語」というのは、ものが壊れたり、擦れたり、ぶつかったりする場合に出る音響や、動物の鳴き声をあらわした語で、動作や状態をあらわしている。たとえば、「茶碗がガチャンと割れる」「雨がシトシト降る」「犬がワンワン吠える」などがその例である。擬音語の音は、なんらかの感覚、感情や情緒を伴う感じやようすをあらわしている。いわば言語的な感性を表現している。

擬音語はまた感覚の質的な特性や量的な特性も簡潔に表現する。「ザワザワ」であれば、強い風にゆれる木の葉の擦れる音、「ビリビリ」は雷が近くに落ちたときの響き、「カタカタ」はヤカンのふたが蒸気で持ち上がる音など、「音の風景」のイメージをリアルに再現させる。擬音語は特異な視覚的イメージ喚起のポテンシャルもあわせもっている。

一方、「擬態語」というのは、擬音語における音のかわりに事物のありさま、現象、動きや状態を描写的に表現したものである。視覚や触覚さらに身体のイメージとかかわることも多い。擬態語は基本的に視覚的（または触覚的）なことばであるといえよう。たとえば、「キラキラ」であれば、連想されるのは「目、瞳、星」などであり、「ギラギラ」であれば「太陽、欲望」などが思い浮かぶ。その他、ニコニコ、シクシクなど表情にかかわるもの、キョロキョロなど視線の動きや注意にかかわるもの、ニョキニョキなど成長にかかわるものがある。また、ワクワク、ソワソワなど心的状態にかかわるものもある。もともと感覚表現に使われていたものが、感情や心情など「心の状態」を示すものに「転化」したと推定されるものも多く含まれている。擬態表現に共通してみられるのは、それが視覚や触覚の感性を通して自己の身体図式や自己意識に根ざしていることである。

このように、擬音語や擬態語は、感覚や身体行動を「運動」あるいは「動き」という次元で表現する特性をもつと同時に、心の動きのダイナミックスをうまく表現するユニークな言語である。

擬音語・擬態語は文学とも深いかかわりをもっている。ともに感情を伴うイメージ喚起力の強い表現であるため、古代から詩歌や文学で好んで使われてきた（山口、1986／鈴木、1965、1973／寿岳、1962）。擬音語・擬態語は詩でもよく用いられるが、作家によってこれを避ける者、好んで用いる者との差が大きいといわれる（小島、1965／上村、1965）。蕪村の句として有名な「春の海ひねもすのたりのたりかな」の「のたりのたり」には、おだやかな波のうねりに託した作者の内面的世界が表現されている。

時代によって変遷はあるものの、擬音・擬態表現が現代文学に与えた影響も見逃すことはできない。しかし、小嶋（1951、1972）は擬音語・擬態語についての研究は国語学界ではあまり稔らず、むしろ言語学や心理学の領域でとりあげられてきたと述べている。小嶋（1972）は現代の詩人や小説作家の表現様式を通して擬音語や擬態語を詳細に跡づけながら、日本の擬音語・擬態語研究における特筆すべき成果として、次のようなものをあげている。まず、江戸時代の鈴木朗が写声説をとなえ擬音語と擬態語を区別したこと（『雅語音声考』）、さらに近代に入り、昭和五年頃からサピアやニューマンの研究に刺激されて、佐久間鼎らのゲシュタルト心理学の立場からの擬音語と物理音響の関係を検討する語音象徴の心理学的研究が始まり、引き続き昭和七年頃から小林英夫の共時論的擬音語の研究が、さらに昭和一六年頃小林好日が語義の変遷をみる立場からの研究が、そして現代では金田一春彦の話す技術としての擬音語・擬態語の模写・象徴説があげられるという。

擬音語は国語学の分野などでは擬声語と呼ばれることも多い。オノマトペ（onomatopoeia）という原語を用いる研究者もいる。また、擬態語は擬容語と呼ぶべきだという研究者もいるが（小林、1965）、擬態語という呼び方が一般的である。ミメーシス（mimesis）という研究者は少ない。擬音語を模写語と註写語、擬態語を転写語と呼ぶことを提案する者もある（石黒、1951）。感情がかかわるという意味で、擬音語・擬態語は「擬情語」といわれることもある。

2章でも述べられているように擬音語と擬態語は、品詞的にはひとまとめにして扱われることが多いのは、形態論的に両者の類別がむずかしいことがその理由の一つとなっている（宮地、1978、および2章参照）。しかし、両者の間にある機能的な違いは心理学的にはっきりしているので、擬音語と擬態語は分けて考えるべきである。

◯五感と擬音語・擬態語

すでに述べたように、擬音語は耳に聞こえてきた音や声を表現したものであり、擬態語は耳以外の

表1・1　擬音・擬態表現と感覚モダリティ、行動および心的状態の対応関係の一例

視覚	聴覚	皮膚感覚	味覚
ピカピカ	カタカタ	カサカサ	ピリピリ
キラキラ	ガサガサ	ゴワゴワ	**嗅覚**
ギラギラ	ガヤガヤ	ザラザラ	プンプン
サンサン	ギイギイ	ホカホカ	ツンツン
スケスケ	キシキシ	ムシムシ	
ツヤツヤ	コトコト	**(痛み)**	
テカテカ	ザアザア	ヒリヒリ	
チラチラ	ドンドン	キリキリ	
チロチロ	メリメリ	ズキズキ	
	ビリビリ	チクチク	
		ジクジク	

目の動き	なき声	感情	表情
クリクリ	キャンキャン	(うれしい)	(笑う)
キョトキョト	ワンワン	ホクホク	ゲタゲタ
キョロキョロ	ケロケロ	(おこる)	ケタケタ
ギョロギョロ	ジージー	ムカムカ	クスクス
シゲシゲ	ニャアニャア	プリプリ	ニコニコ
マジマジ	ピヨピヨ	プンプン	ニタニタ
歩くようす	**しゃべる**	プリプリ	ニヤニヤ
トボトボ	ペラペラ	(期待)	ヘラヘラ
トコトコ	ベラベラ	ワクワク	(泣く)
ノソノソ	ブツブツ	**動作**	オイオイ
パカパカ	ボソボソ	スイスイ	シクシク
ブラブラ	ムニャムニャ	スルスル	ホロホロ
ヨタヨタ	ワイワイ	ソロソロ	ポロポロ
ヨチヨチ		クルクル	**状態(いきおい)**
ヨボヨボ		ソワソワ	グングン
状態(人間関係)	**状態(意識)**	ドヤドヤ	スクスク
アツアツ	ウトウト	**状態(身体の)**	チビチビ
イジイジ	グウグウ	ガクガク	ドンドン
オロオロ	ジリジリ	クタクタ	デカデカ
カリカリ	ドキドキ	シナシナ	**状態(むらがる)**
クヨクヨ	ハラハラ	パクパク	ウジャウジャ
コセコセ	ヒシヒシ	ブルブル	ウヨウヨ
ツンツン	メロメロ	ヘトヘト	ゴミゴミ
		ヘナヘナ	ギュウギュウ
			ゾロゾロ

知覚による動きや状態を表現したものである。それぞれ聴覚，視覚や触覚という感覚に根ざした感性語であるから，人間の感覚的認識のもととなる基本的な五感覚——視覚，聴覚，嗅覚，味覚，触覚（皮膚感覚）——に由来していると考えられるのももっともだといえよう。

表１・１に，擬音語・擬態語が五感，行動や心的状態とどのように対応しているかの例を示してみた。この表からみてとれるように，擬音語・擬態語はそれぞれの感性表現において固有の感覚クラスター（まとまり）が認められる。このように，感覚と擬音語・擬態語の間に意味的，語音的な対応関係があるということは，「見たり」「聞いたり」「触ったり」といった「アクティブな認識の機能」と密接な関連をもつことを示している。

一方形容詞や副詞などは，名詞（や形容詞）を修飾して「ふつうの感覚に根ざした受動的で静的な感性語」を形成する。たとえば，視覚では「あかるい」「くらい」，触覚では「かたい」「やわらかい」，味覚では「あまい」「すっぱい」などの感覚の質をあらわす形容詞が用いられるし，「とてもかたい石」の「とても」などのような程度をあらわす副詞が加わることもある。擬音語・擬態語が修飾するのは主として動詞であり，そこにも能動的でダイナミックな観察主体の心的あるいは身体的状態が反映された世界が表現される（動詞的に使われることもある。２章を参照）。つまり，擬音語・擬態語は「動きを基盤とした積極的かつ構成的な，感じる人間の側からみた感性語」なのである。

図１・１に示したのは，擬音語・擬態語の認知モデルである。五感を通して入力された情報は言語表現系において感性伝達および知識伝達の二つのルートに分かれると想定されている。前者は「感性

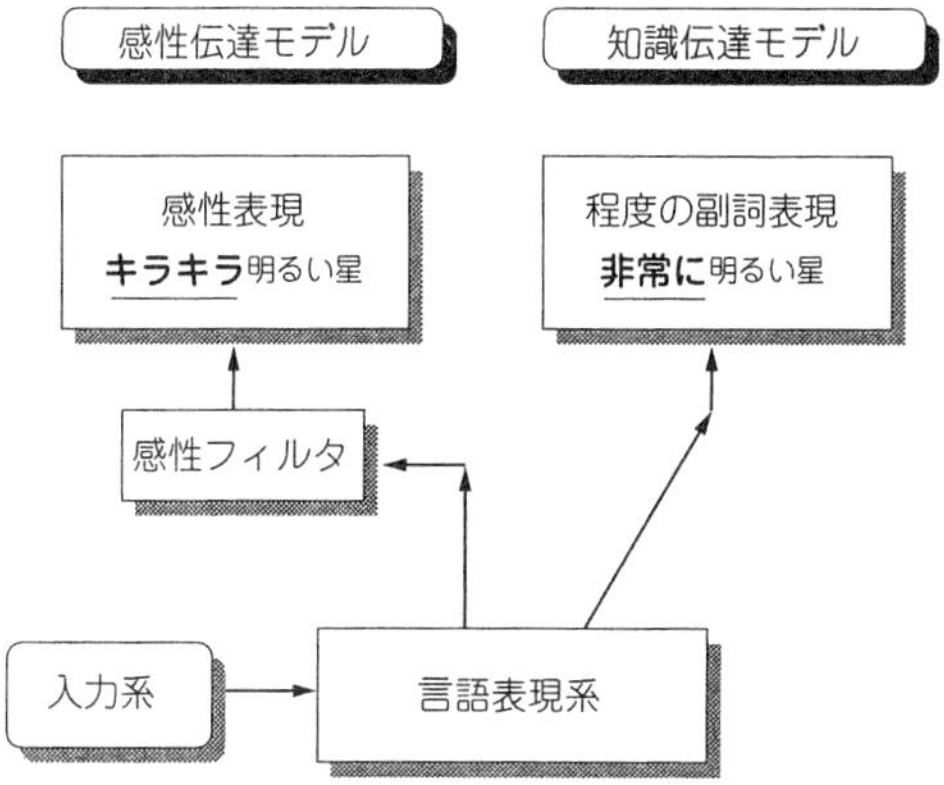

図1・1　擬音語・擬態語の認知モデル

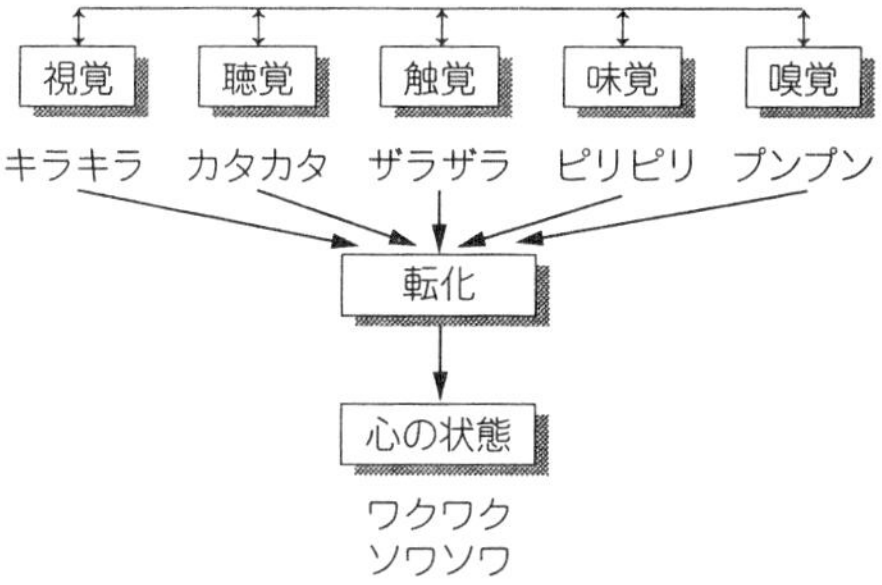

図1・2　五感と心の状態の擬音語・擬態語の関係

フィルタ」を通って擬音・擬態表現されるのに対して、後者では程度をあらわす副詞によって量的、質的な知識が表現される。このモデルには、感性伝達システムとしての擬音語・擬態語の特徴が簡潔に示されている。

擬音語・擬態語には心情表現に関するものも数多くあるが、それらも五感の感性的表現が転用されたものであろう。図1・2には五感の擬音語・擬態語が心や身体の状態を表現する擬態語に転化してゆくようすを図式化して示した。擬音語・擬態語には、視覚、聴覚、嗅覚、味覚、触覚（皮膚感覚）の五感覚や、クロスモーダル（交差感覚的）な表現から生まれて心的状態の表現へと転移（進化？）してきたと思われる語彙が多く認められる。

●五感と比喩

擬音語・擬態語は広い意味で比喩のはたらきをもっている。聴覚で擬音語が、視覚や触覚を含む皮膚感覚で擬態語が多いのは当然として、五つの基本感覚がクロスモーダルな形ではたらく場合もある。クロスモーダルというのは、二つ以上の感性体験が共有される一種の「共感覚（synaesthesia）」的な様相をさす（Williams, 1976）。比喩表現には共感覚的表現がよく用いられる。たとえば、「やわらかな味」という場合、やわらかいという触覚表現が味覚を修飾している。共感覚にもとづく比喩には「やわらかな味」のような可能な組合せがある一方では、「甘い舌ざわり」のようにむずかしい組合せがある。

山梨（1988）は五感覚の表現の修飾・被修飾関係には基本的に図1・3のような関係があるという。図1・3では、上の例の「甘い舌ざわり」のような味覚が触覚を修飾する関係はないが、その逆（やわらかな味）はあるということになる。図の矢印は修飾可能な方向を示し、修飾される感覚は原感覚、修飾感覚は共感覚と呼ばれている。共感覚が原感覚を修飾する関係には、触覚から味覚、嗅覚へと一方的であり、この逆の修飾関係は（論理的には可能でも）比喩表現としてはむずかしいという。

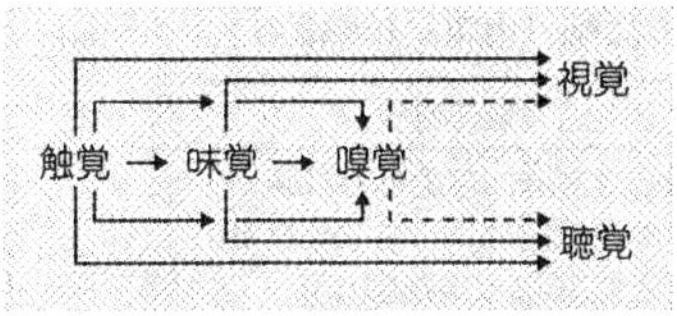

図1・3　五感の修飾・被修飾関係
（山梨, 1988より）

表1・2には、可能な比喩の例が示されている（山梨、1988）。修飾の方向性からみて触覚が最も原初的な感覚であり、視覚や聴覚は高次な感覚として後で発達したと推定される（山梨、1988）。

擬音語・擬態語の場合にもこの修飾関係が大枠で当てはまるように思われる。日本語の擬音語・擬態語では触覚にかかわる擬態語が著しく多いことから（味覚や嗅覚は数例しかない）、触覚が原初的感覚の役割を果たしていることは明らかであり、触という身体図式がその基盤にあるようである。視聴覚への修飾についても同様のことがいえる。ヒトは視（聴）覚的動物であるが、一方では触覚的動物なのである。バークレイ（Berkeley, 1709）は『視覚新論』のなかで触覚的認識を視覚的認識の基底におき、「可触（tan-

表1・2　共感覚にもとづく比喩（山梨，1988より）

共感覚→原感覚		具体例
（i）	a．触覚→味覚	やわらかな味，なめらかな味
	b．触覚→嗅覚	さすような香り，つくような臭い
	c．触覚→視覚	あたたかな色，つめたい色
	d．触覚→聴覚	なめらかな音，あらい音
（ii）	a．味覚→嗅覚	あまい香り，あまずっぱい臭い
	b．味覚→視覚	(%)あまい色調，(%)あまい柄
	c．味覚→聴覚	あまったるい音色，あまい声
（i）	a．嗅覚→視覚	(%)かぐわしい色調／色彩
	b．嗅覚→聴覚	(%)かぐわしい音調／音色
（iv）	視覚→聴覚	あかるい声，くらい声

（%）印はやや不自然な組み合わせを示す。

gible）」的なものを可視的（visible）なものに優先させた。触覚や皮膚感覚などの自己存在とかかわる感覚を重視する思想はすでにギリシア哲学にもみられる。また、先天盲患者が開眼手術を受けた後にも触覚的世界から離れることが困難な例をみても、可触の感性語が高度に分化した視聴覚とは別の原初的レベルの認識に重要な役割を果たしているといえる（比喩については7章を参照）。

❍擬音語・擬態語の獲得

擬音語や擬態語ほど、子どもから大人まで直接的、感覚的に理解でき、また民族を問わず古くから用いられてきたユニークな言語表現は他に類をみない。すでに、乳児の喃語の繰り返し音節のもつリズミックな表出音声は、擬音語、擬態語の様相を帯びている。ことばにあらわせないものを感じたときに、それが感覚や感性のことばである擬音語・擬態語となって自然と口に出ることは多い。

乳幼児の喃語は擬音語・擬態語の最初の姿である。大人にも子どもにも理解しあえる共通な表現という意味で、個体発生における言語獲得の基盤となるのが「ことば以前のことば」である擬音語・擬態語である。擬音語・擬態語の獲得（学習）と産出（表現）が乳児から幼児にかけての言語表現の基礎となっていることからも、フォーマルな言語を獲得する以前の段階における乳幼児の認識の世界が、擬音語・擬態語の獲得と産出の発達を研究することにより明らかになってくるだろう（早川、1973、および9章、10章を参照）。

子どものことばの発達からみても、情態副詞（動詞を修飾する独自の様式をもっており、多くの擬音語・擬態語がその役割を担っている。たとえば、擬音語・擬態語以外の例では「ゆっくり歩く」、の「ゆっくり」など）は2歳以前の幼児では十分分化しておらず、たとえば「オモチ　ペッタン　シテ」のように、動詞の構成成分のように用いられることが多いという（村田、1983）。2歳以降情態副詞は使えるようになるが、村田（1983）によれば、さらに、程度をあらわす副詞（「とてもむずかしい」、の「とても」）は情態副詞よりも、また推定を含む陳述副詞（「たぶん来るだろう」の「たぶん」）は程度の副詞よりも、それぞれ形成時期が遅れるという。

矢田部（1941）は『児童の言語』のなかで、カッシラーの言語論に言及しながら言語活動の核となる表現機能は絵画的表現、比喩的表現および記述的表現の三つの様式をとるといっている。絵画的表現として「彼は英語をペラペラしゃべる」、比喩的表現として「彼の英語は立て板に水だ」、さらに記述的表現として「彼は英語を早く巧みに話す」という例をあげながら、児童語の初期には絵画的表現として擬音語・擬態語が煩雑にあらわれることを指摘し、比喩や記述表現を獲得する基礎として擬音語・擬態語表現を位置づけている。

実際、擬音語・擬態語は幼児の発話や児童の作文にも多用される（中曽根、１９７８／安居、１９８６）。佐久間（１９３０）も言語の獲得に先立って音声による情意表出、つまり「表情音声」の認知と産出の過程があることに言及している。また、矢田部（１９４１）は、擬音語はインド・ヨーロッパ語に多いが、擬態語はとくに本邦に多いのでおもしろい研究テーマになると指摘し、参考となる研究として佐久間（１９３９）をあげている。

擬音語・擬態語とは何かを考える視点として、「感性的言語」の獲得、理解、および産出のプロセスを固体発生を通して考えることの重要性をここでは指摘しておきたい（9、10章参照）。

❍擬音語・擬態語と感覚照応

感覚照応とは、複数の感覚の間に照応関係があることをいい、比喩の基礎となることはすでに述べた。強い光、高い周波数の音、シャープな触覚、冷たさ、砂糖の甘さなどは「明るい」という視覚属性と照応関係にあるといわれる（Boernstein, 1936）。感覚照応は感覚の心理物理学でも多くの定量的研究がなされ、視覚（明るさ）や聴覚（音の周波数）の間にはきれいな関数関係があることが知られている（Marks, 1978）。さらに、さまざまな感覚の照応を調べるクロスモダール・マッチング法とい

表1・3　無意味音節の母音と視覚的大きさとの照応
(Sapir, 1929 と Newman, 1933 のデータを Marks, 1978 がまとめたもの)

母音	大きさ Sapir	大きさ Newman	明るさ Newman	明るさ ピッチ
/i/ (meet)	7	5	1	1
/e/ (French é)	6	—	—	2
/ɪ/ (m*i*tt)	—	6	2	3
/e/ (met)	5	—	—	4
/æ/ (m*a*t)	4	4	4	5
/a/ (mop)	3	—	—	6
/**a**/ (m*a*r)	—	2	3	7
/o/ (moat)	2	—	—	9
/ɔ/ (m*au*l)	1	1	5	8
/u/ (moot)	—	3	6	10

無意味音節の母音の音声とその感性印象が大きさ，明るさとどのようにかかわるかをみた表。数字は順位を示し，ピッチは第2フォルマントの周波数を示す。

われる技法が開発され、照応の程度を評価する試みや記憶における照応を調べる試みがおこなわれている（たとえばOsaka, 1984）。

サピア（Sapir, 1929）は、母音からなる英語の無意味音声と視覚的大きさとの照応を研究し、その後ニューマン（Newman, 1933）はサピアのデータを再分析して表1・3のようなデータを得ている（Marks, 1978）。ピッチの高さ（第二フォルマントの音声周波数の寄与が大きい）の順に並べると、視覚的大きさは逆照応に近い関係を（母音/a/は/i/より視覚的に大きく感じられる、など）、視覚的明るさでは順照応に近い関係を示すことがわかった。たとえば、無意味音声malとmilに机という意味を与えて被験者にどちらが大きな机と感じるかを答えさせると、malが大きく感じられる、などの反応が得られる。表からもわかるように、サピア／ニューマンは、母音ではほぼouaeiの順で、子音ではbr, gr, gl, r, dj, m, g, l, b, k, s, d, n, p の順で、大→小の系列をなすことを見いだしている。無意味音声は語音象徴からみて擬音語・擬態語と共通の性質をもっているので、比喩からのアプローチと共に重要な実験的研究の切り口となるのである。

日本では、矢田部（１９４８）が擬音語・擬態語とかかわる語音象徴の実験を論評し、その研究方法の上からこれらの研究を三群に分けて論じている。第一群は特定の母音や子音が直接大小、明暗などの感性表現とどのようにかかわるかをみたもの、第二群は既成の語にそのような関係がみられるかを吟味したもので、第三群は無意味音節と無意味図形を対応させる実験であった。第一、二群についてはすでに述べたサピア／ニューマンの報告にあるような照応関係が認められるという結論が得られている。

第三群についても、音節と図形の照応関係に一致した傾向が認められるという。たとえば、清音は軽く尖った細い線を、濁音は複雑で鈍く太い線を、流音は曲線などと照応する。また、図１・４ａのような角張った図形をよくあらわす無意味音節を選ばせるとゼザゾザなどが選ばれ、図１・４ｂのような曲線のある図形だとムルムルが選ばれたという（宮崎、１９３５）。ケーラー（Koehler, 1947）はMALUMAとTAKETEという偽単語を聞かせて描かせた図形について同様の傾向を認めており、またマークス（Marks, 1978）も同様の模写を9歳と12歳の子どもにおこなわせ、このことを確認している（図１・５）。

矢田部（１９４８）は音声言語のなかで音声のもつ相貌的な性質が擬音語・擬態語として言語の構

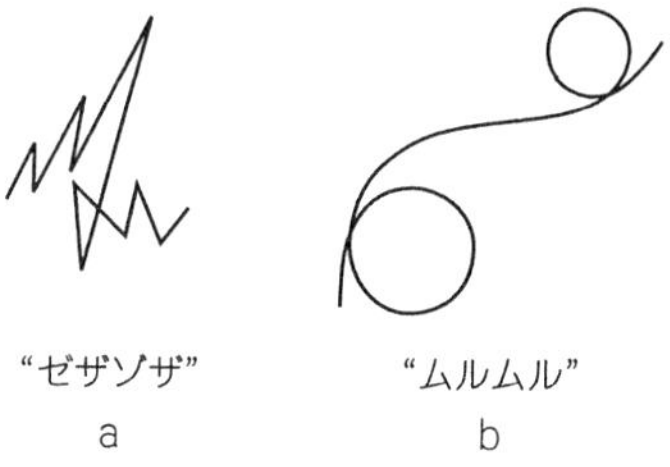

図 1・4　図形と対応する無意味音節
（宮崎, 1935より）

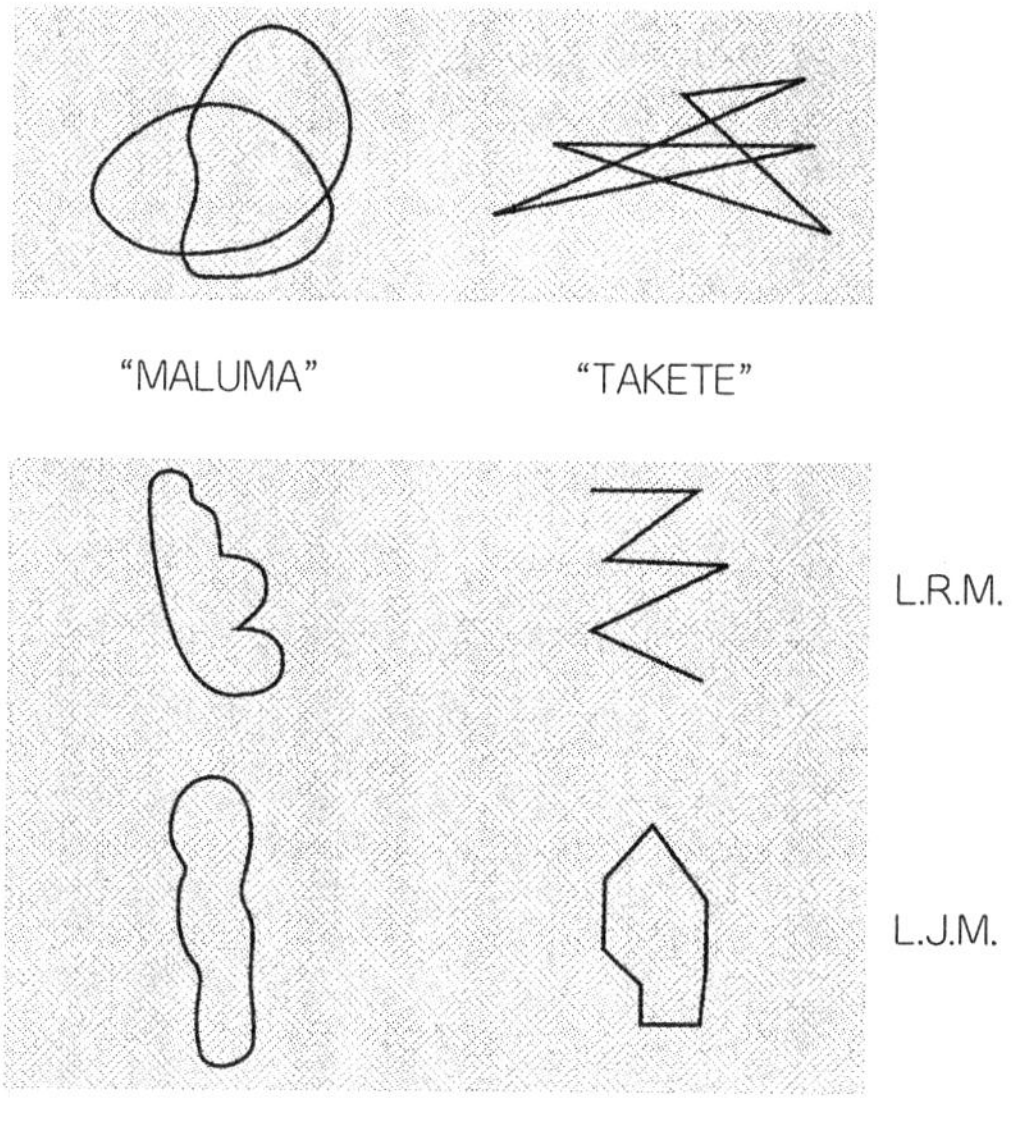

図1・5　偽単語（“MALUMA”と“TAKETE”）とその図形的表現
（上：Koehler, 1947）
同じ偽単語を聞いて9歳（L.J.M.）と12歳（L.R.M.）の子供が描いた図形（下：Marks, 1978）

造のなかに残ったと推定している。相貌的性質はマンガや絵本などにも効果的に利用されており、数コマの短いフレームのなかで、とくに動きや感情を簡潔に感覚的に表現する場合にユニークな効果を発揮している（日向、1986）。新聞の4コママンガや広告にも多用されることからみて、擬音語・擬態語は覚えやすい、感覚に訴える、おもしろい、など、相貌的イメージ喚起の機能があることを示唆している。

語音象徴について付け加えるなら、子音でも母音でも清音より濁音が感覚的に大きく評定されることが明らかにされている（苧阪、1987）。また松岡（1958）が母音や子音と図形の特徴との照応関係について評定実験していることにもふれておきたい。

◯感性語の発生

カッシラアは『象徴形式の哲学』の感性的表現における言語についての章、第一巻「言語」において、言語の理論は芸術や認識の理論と同様に模写説から出発するという。彼は言語が現実から離脱する最初の過程を擬態的段階とし、この段階において音声言語は身振り語と密接にかかわるとしている（矢田部、1941）。さらに、身振り語は音声を伴うことにより流動的で分節的特性（擬態的特性）をもつようになり、動きや流動性を伴う表象過程の表現を可能にしてゆくという。擬態的特性は表象内容の静的状態より動的状態を表現しやすいという点で、感情や思考の「力学」を表現しやすいとも指摘している。

擬音語・擬態語は非常に微妙な感性表現をもっている。たとえば、サラサラとザラザラは濁点がつくかつかないかが違う二音節の擬態語であるが、感性表現は微妙に異なる。サラサラは髪の毛に触れた触感に、ザラザラはなにか荒れた肌の触感に近い（水之浦、1967）。また、両者ともアクティブ・タッチ（能動的に対象に触れる触覚）がその感性の基盤になっているが、視覚的、聴覚的な成分も含んだ「複合感覚」の様相を呈している。サラサラは小川の流れの視覚的風景にもなり得るし、流れるせせらぎの音風景にもなり得る。サラサラには「軽やかに抵抗なく流れてゆく」という共通の感性体験が認められる。ここから、サラサラとお茶づけを食べるなどという行為の様相を表現する副詞的な役割に転化するまでの距離は、ほんのわずかである。

擬音語・擬態語は融通無碍の感性語ではあるが、一方ではその表現のユニークさのためその適用される意味領域はごく狭いという特徴をもっている。「ザラザラとお茶づけを食べる」というのは全くのミスマッチである。もっとも、広告などで表現のキャッチフレーズとして意表をつく、あるいは意外性を求める場合はこの限りではない（櫻井、1986／苧阪他、1986）。

擬音語・擬態語の心理学は全くの未開拓の領域であるが、数千はあると考えられるこの種の感性語から認知心理学を語ることも可能である。

◯擬音語・擬態語で心理学を語る

われわれの認識と行動の諸相を単純な動詞を通して、「擬音語・擬態語の世界から」概観してみよう。以下の動詞は擬音語・擬態語の連想データ（付録、付表1）にあらわれた反応語から選択したもので、各動詞は、人間の基本的な認知と行為を表現している。さらに、擬音語・擬態語によって認知と行為の諸相を心の内面から描き出すことによって心理学を語ることができる。擬音語・擬態語は、第一、第二および第三順位にあらわれたものを示した。数字は290名の大学生が469語の擬音語・擬態語への連想した反応語約13万6000語を品詞別に分類し、さらにそれを逆分類したデータにもとづく頻度数を示す（苧阪、1987にもとづく）。

みる　（ジロジロ 140、シゲシゲ 80、マジマジ 72）

みえる　（チラチラ 96、アリアリ 32、マザマザ 14）

「みる」と「みえる」は2語ともに共通のものがみられない。ふつうの言語表現では単に能動、受動といった見方の相違をあらわすことが多いが、擬音語・擬態語の世界では明確に区別されている。「ジロジロみえる」とか「チラチラみる」という表現があまり一般的でないことからも、擬音語・擬態語の世界では両者は違う感性情報処理の様相を示すことがみてとれるのである。「みる」は意図的であり注意の方向が対象に向いているのに対し、「みえる」には意図性が希薄である。

笑う（クスクス　269、ゲラゲラ　235、ケラケラ　233）
喜ぶ（ホクホク46、ワアワア2）
感じる（ヒシヒシ　107、ビンビン　4、ジワジワ　2）
寝る（スヤスヤ　170、グーグー　135、ウトウト69）
歩く（テクテク　213、スタスタ　158、トコトコ　146）
走る（ドタドタ62、バタバタ45、トロトロ21）
成長する（グングン31、ムクムク25、3位なし）
痛む（ズキズキ　128、ズキンズキン　119、ヒリヒリ　116）
話す（スラスラ79、モソモソ25、コソコソ21）
泣く（シクシク　198、オイオイ　149、ホロホロ　121）
匂う（プンプン54、クンクン47、ムンムン17）

ここにあげたのはその一例にすぎないが、擬音語・擬態語によって一風変わったユニークな感性心理学概論を論ずることができよう。

上記の例では五感のうち、「聞く（聞こえる）」「触る」「味わう」などの動詞については必ずしも頻度数において顕著なものがみられなかったが、これは「みる」と比較して興味深い。しかしながら、全体としては視覚、聴覚と皮膚感覚（触覚や痛みを含む）が圧倒的に多く、におい（嗅覚）や味（味覚）に関する擬音語・擬態語が非常に少ないのは一つの驚きである。視聴覚についてはその情報量の多様さと重要性からその数が多いのは当然であるが、触覚由来の擬態語がきわめて多いことと、それとは逆に味覚嗅覚についてのものがきわめて少ないのが日本語の擬音語・擬態語の特徴といってよいだろう。とくに、基本四味（甘い、塩辛い、酸っぱい、苦い）や基本六臭（花香、薬味、果実、樹脂、腐敗、焦臭）など、感覚の質的な内容を表現する擬態語がほとんど見当たらないというのは不思議である。浅野（1978）の擬音語・擬態語辞典の解説を執筆した金田一春彦氏も、同様のことを指摘している。味覚や嗅覚ではその感性表現に形容詞や副詞が使われることが多いのである。

❍擬音語・擬態語の造語性

たとえば「パピプペポ」の5音から任意の2音を取り出しランダムな重畳語（ペプペプ、ポピポピなど……）をつくると、挿入する文脈さえ適切であれば感性表現としてわかるものとなりそうである。コンピュータによって五十音すべてのランダムな組合せをつくり、重畳語を評定させると相当多くの組合せがなんらかの擬音擬態的なイメージを喚起するのである。このように、任意の2音節の重畳語がなんらかの擬音・擬態的表現を形成できるということは、擬音語・擬態語の感性情報表現における造語能力がかなり高いことを示唆している。これは擬音語・擬態語が「音楽のことば」あるいは「リズムのことば」でもあることを示している。

擬音語・擬態語は「擬情語」などとも呼ばれることがあることからもわかるように、強い感情表現を伴うことばである。これは擬音語・擬態語が強いイメージ喚起力をもつこととともかかわると思われる。擬音語・擬態語は2章の品詞論の項でも述べられるように、一般的には副詞として分類されることが多いが、そのはたらきは特異な機能と構造をあわせもち、情態副詞というより「感情副詞」ともいえる性格をもっている。すでに述べたように程度をあらわす副詞が感情というフィルタを通過するときに生まれる感性語が、擬音語・擬態語なのである（図1・1）。その意味で、感情的、情緒的な含意の分だけ、ふつうの程度や状態をあらわす副詞より豊かな感情喚起力をもっている。感情喚起を含意したコミュニケーションが可能なことから、当然イメージ喚起ポテンシャルも非常に高いことになり、比喩表現などとも深く関連してくる。

❍脳と擬音語・擬態語

擬音語・擬態語の特徴の一つは、覚えやすいということである。覚えやすいのは、音韻的リズムを伴うため、単純な音節で表現されるためということもあるが、やはり感覚（感性）や感情体験と結びつきやすいことがあげられよう。音声、身振りなどが表情などの表出と同じメカニズムをもっているという説に立てば、擬音語・擬態語を身振りと共通の模写活動に求めることもできる。五感の情報が集められ、感情回路を形成する脳の扁桃体、海馬、帯状回、視床や前頭葉も擬音語・擬態語の形成や認識にかかわりがあるはずである。最近、脳と心のかかわりが、脳の活動を、脳に影響を与えることなく画像化するニューロイメージングなどの方法を用いて次第に明らかにされてきた（苧阪、1998a、b）。擬音語・擬態語の認知や生成が脳のどの部位と深くかかわっているかも、この手法を用いて明らかにすることができるだろう（編者の研究室で実験中である）。動詞や名詞の認知や生成が前頭、側頭、頭頂の複数の部位の固有の活性化パターンを示すことも判明している（Posner & Raichle, 1994）。擬音語・擬態語の認知と生成には扁桃体と特定の新皮質領域がかかわる固有の活性化パターンがあると推定され、脳の感情地図を明らかにする強力な武器となるだろう。というのも、言語刺激は脳内機構の探索に有効に使われ得ることがわかってきたからである。最近、マーティンら（Martin, et al., 1995）はポジトロン断層法（PET）というニューロイメージングの方法を用いて、被験者に色名を生成させると側頭葉の色彩知覚にかかわる部位が活性化され、描くという行動を思いうかべると運動にかかわる部位が活性化されるという興味深い実験を報告している。「ことば」の刺激が「脳への切れ味のよいメス」となることを示している。擬音語、擬態語を音声（視覚）刺激とした場合、それぞれの感覚（感性）に対応した聴覚、視覚や触覚などの領域を活性化するとともに、対応した脳内の感情回路を選択的に活性化することが予測されるのである。

◐比較文化的な視点

擬音語・擬態語が幼児にみられると同様に、言語が多面的に発展していない民族にも多くみられることは、レヴィ・ブリュールの著書『未開社会の思惟』のなかでも紹介されている。アフリカのスーダン語の他、シベリアの北方民族チュクチ語にも多くの擬音語・擬態語がみられるという。擬音語はオノマトペと呼ばれるが、この語源はギリシア語の「語の創造」に由来するというから、擬音語は語彙の創造手段の一つともいえる（堀井、1986）。

興味深いのは、この創造には類似した過程が作用していることである。堀井（1986）によれば、カッコウ鳥は、cuckoo（英語）、coucou（フランス語）、Kuckuck（ドイツ語）、kukushka（ロシア語）、kakuk（ハンガリー語）のように表現され、どの言語にも共通してこの鳥の鳴き声の擬音構造が認められる。しかし、石垣（1965）によれば、これは例外であって一般化できないという。その例としてエチオピア語との比較を例にあげている。英語について比較文化的視点からみると、英語では擬音語が多く、牧畜を基盤にした民族であるためか、たとえば、家畜の啼き声の擬音語は日本語より豊富である。一方では語彙としての擬態語はほとんどみられないという偏りが認められる。この傾向は他のインド・ヨーロッパ語族にも共通してみられる現象であるという（筧、1986）。また、子音による音節構成が多いゲルマン語はラテン語より擬音語が多いという（小林、1976）。

6)。英語では動詞が多様に分化しており、動詞自身が擬音語・擬態語的表現を担っている場合も多い（たとえばカタカタ鳴るのカタカタはrattleという動詞で表現される。11章を参照）。

他方、日本語は動詞が分化しておらず漠然とした意味をもつ場合が多く、音節の分化も少なくリズムにも乏しい。このような環境で微妙な感性的な意味の違いをもたせながらリズムを持ち込むという意義をもつ擬音語・擬態語は有用である。たとえば、ニコニコ笑う、ゲラゲラ笑うなどの表現は、ちょっと笑うとかおおげさに笑うといった程度をあらわす副詞の果たす役割とは別の感情世界を形成し、日本語の表現を豊かにしている。中国語（北京語）では形態素が一音節で表現されそれが漢字一字（意味単位）となるため、擬音語はともかく擬態語については日本語よりむずかしいという（松本、1986）。一方、朝鮮語では擬音語・擬態語ともに数千をこえる語彙が豊富にあるという（11章参照）。

日本語を母国語としない人々に、たとえば、ドキドキ、キラキラなどの擬態語を音声的に提示して同時にその意味を教示し照応の有無を問うと、どういうことになるであろうか。これについては、およそ一致するというものから（川崎、1997）、一致しない（井原・岩原、1938）というものまでさまざまである。一方、擬音語・擬態語の子音が日本語を母国語としない人々によってどのように受容されるかについての分析の結果、清音が濁音に変わるとき（たとえばキラキラがギラギラに変わる）、日本語を母国語としていない人々は音の印象の判断を「かたい、角張った、でこぼこの、あるいは乾いた」といった触覚的表現の因子とかかわる尺度で判断していることが示唆されている（川崎、１９９７）。これは、擬音語・擬態語の成分のうちには言語と独立した共通の認識次元があることを示している。日本語を第一外国語とする外国人にとっては、擬音語・擬態語の適切な使用に困難が伴うとされ、それを補うための外国人のための擬音語・擬態語辞典さえ出版されている（三戸・筧、１９８１、１９８４）。

玉村（１９８２）は現代中国語にみられる擬音語が０・５％にとどまるのに対し、現代日本語ではそれが２・５％と著しく高いこと、また中国語ではその大半が擬音語であるのに対し、日本語では擬態語が擬音語より多いことを指摘している。また、「分類語彙表」では「変化・動き」に含まれる擬態語が「音」に含まれる擬音語より多いことを報告している。

時代によって擬音語・擬態語の使用頻度は異なる。大坪（１９８２）はさまざまな統計データから、象徴語彙としての擬音語・擬態語は中古、中世より現代の文芸作品のなかで多様に用いられていることを指摘し、その理由として現代小説における表現、描写の細かさをあげている。擬音語や擬声語は地方の方言にも多くみられ、地方色を表現するユニークな使われ方をしている（湯澤、１９３１／都竹、１９６５）。

最後に、比較文化の視点から気づいた興味ある傾向を一つ指摘しておきたい。それは日本語文化圏では触覚的感性が著しく発達していることである。認識の方法、身体や行為の図式、対人コミュニケーションなど日常生活の多くの営為が触覚的感性を基礎としているのである。

擬音語・擬態語の認知にはまだ多くの吟味すべき問題が残されている。とくに、感性や感覚の科学的研究において、また潜在記憶や潜在認知の実験的研究において欠かすことのできない切れ味の鋭い道具の役割を果たすことが期待されている。巻末に詳細な関連文献をあげたので、この方面の研究の将来への手がかりとされたい。

2章 擬音語・擬態語はどの品詞に属するのか

文のなかに擬音語・擬態語が使われているとき、それらは同じ文中の他の語とどのように関連しているのだろうか。同じ文中の他の語に対してどのようなはたらきかけをするのだろうか。このことは、ある語が文中でどのような機能をもっているかに注目して単語を分類するとき、擬音語・擬態語がどの語の範疇に含まれるのか、すなわち、擬音語・擬態語がどの品詞であるのかということにつながる問題である。擬音語・擬態語の辞典によると、天沼（1973）では副詞、金田一（1978）では形容詞と解説されている。

副詞としての見方

それでは、実際に、擬音語・擬態語が文中でどのように機能するのか具体的にみてみよう。まず、たとえば、(1)のように、擬音語・擬態語は、それ自体で、あるいは助詞「と」を伴って、動詞の意味的属性を想定したり限定したりするために用いられることが最も多いようである。

(1) a 雨がザアーッと降る。
b 雷がゴロゴロ（と）鳴る。
c 星がキラキラ（と）光る。
d 蛇がニョロニョロ（と）はう。

また、(2)のように、形容詞や形容動詞を修飾するのにも用いられる。

(2) a 歯がシクシク（と）痛い。
b 森はシンと静かだ。

このように、連用修飾語として用いられる擬音語・擬態語は、いわゆる副詞の範疇に分類される語であると考えられる。

山田（1936）は、単語の品詞を図2・1のように分類している。とくに、副詞をその性質によって下位分類しており、擬音語・擬態語はそのうちの「情態副詞」に含まれている。「情態副詞」

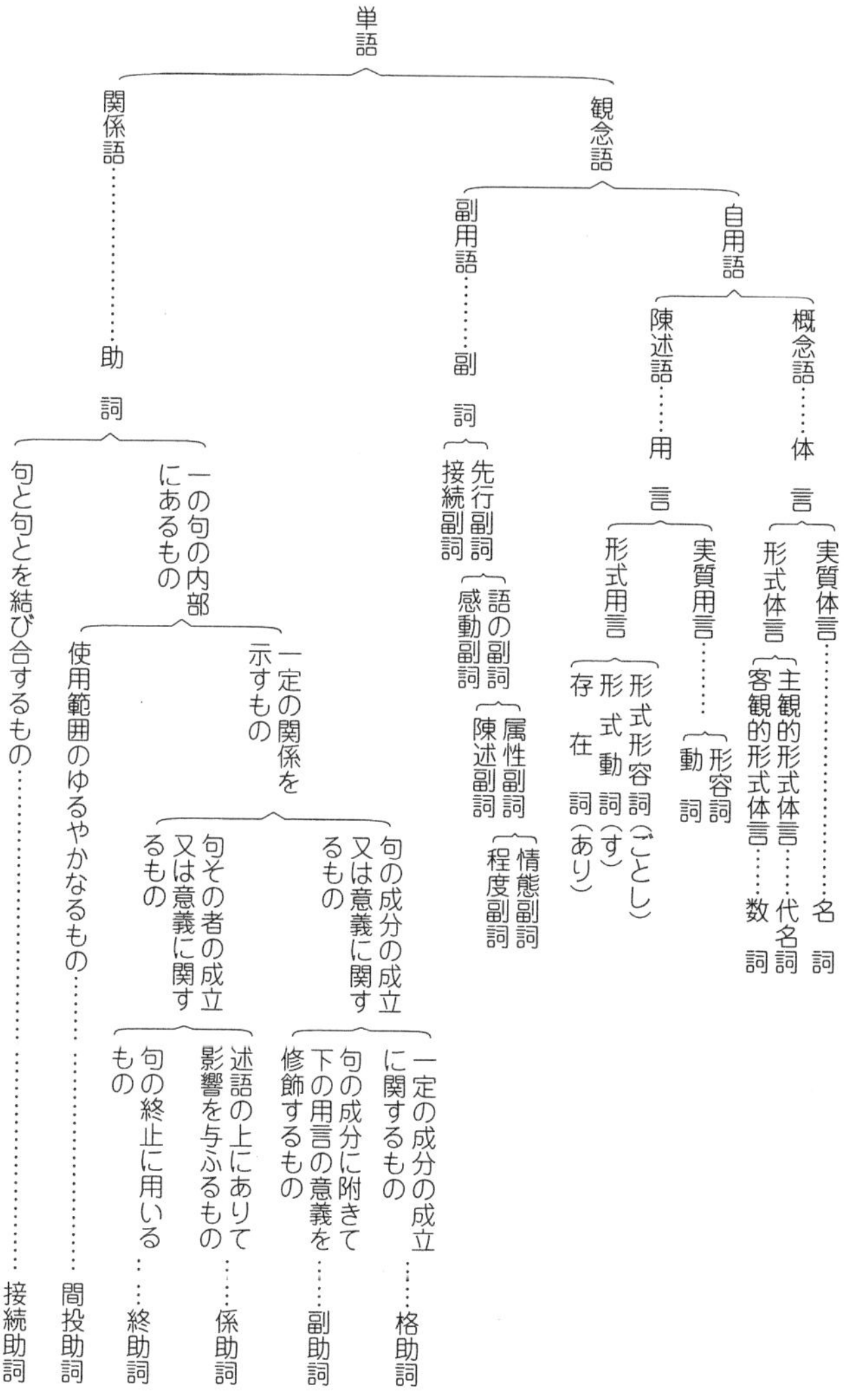

図2・1　山田（1936）の品詞分類

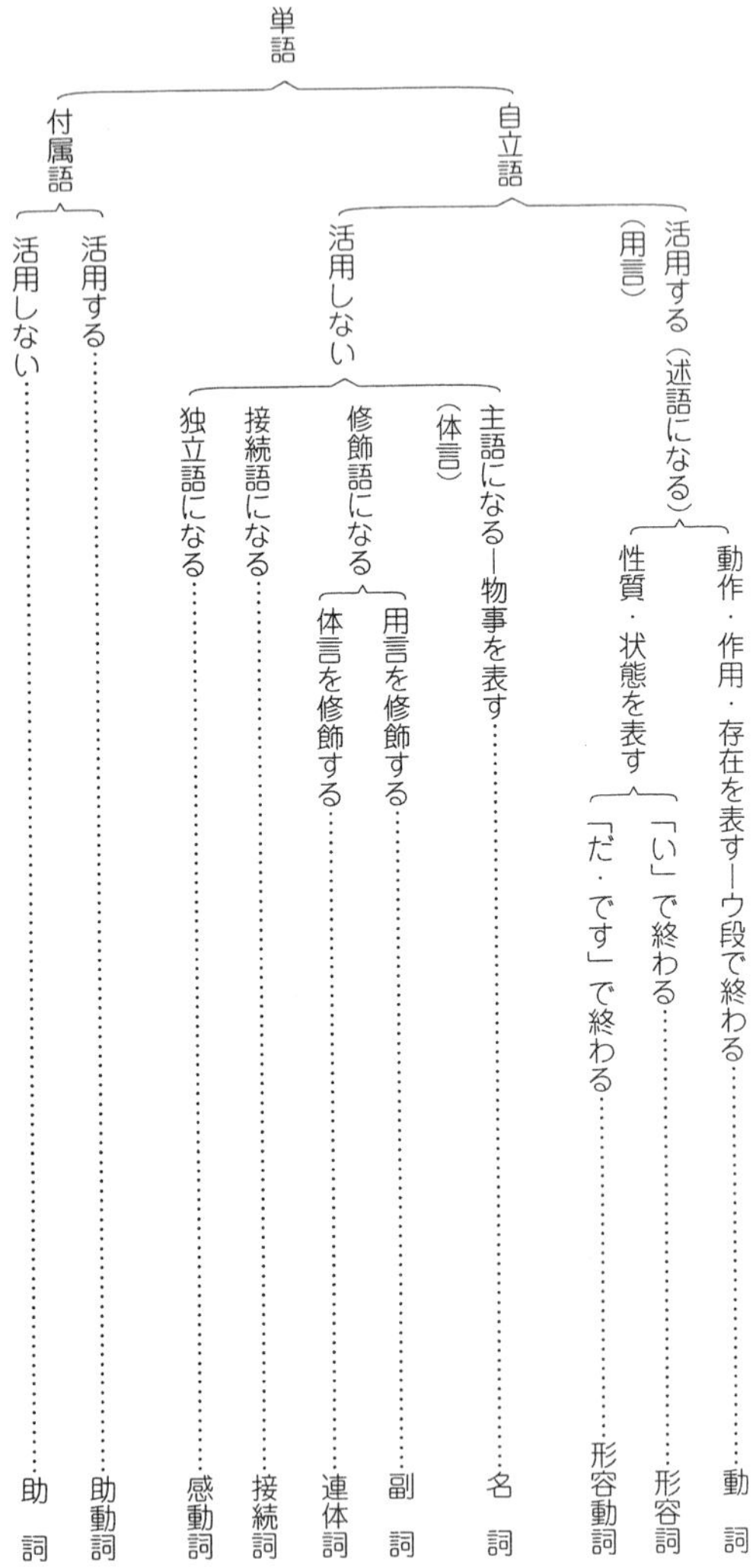

図2・2　学校文法の品詞分類（金田一・林・柴田，1988より）

に含まれる語は、単に用言の属性を想定するだけでなく、その語自身が属性としての内容をもつ語であると考えられている。たとえば、「交通事故がとても増えている。」の程度副詞「とても」は、どの程度「増えている」か、その程度をあらわすだけである。一方、「交通事故がグングン増えている。」の「グングン」は、どのように「増えている」かをあらわしている。「グングン」という語は、そのままで、ある勢いや力強さをもって増えたり、上がったり、登ったり、伸びたりするときの状態そのものをあらわしているといえる。橋本（１９３４）は、この「情態副詞」を「形容動詞」と「状態副詞」に分けたが、擬音語・擬態語は後者の「状態副詞」であると考えている。

現在学校で教えられている国語の文法は一般に学校文法と呼ばれるが、橋本の体系を基にしたものである（図2・2）。ここでは、副詞は、「陳述副詞」、「程度副詞」、「状態副詞」に分けられ、擬音語・擬態語は「状態副詞」とされている。

◯擬音語・擬態語の多様な文法機能

しかし、擬音語・擬態語は、連用修飾のためだけではなく、以下のようにさまざまな用いられ方をする。たとえば、(3)のように、形容詞や形容動詞のように文の述語として用いることができる。また、(4)のように、「する」を伴い、動詞のように用いることもできる。さらに、(5)a、cのように、助詞「に」「の」を伴い、名詞の意味内容を想定したり限定したりするために用いることもできる。

(5)aの「バラバラ」やcの「ピカピカ」は、bの「V字」やdの「茶髪」という名詞に相当するようなはたらきをしていると考えることもできる。

(3) a 屋敷内の廊下はツルツルだ。

b 赤ん坊の歩き方はヨチヨチだ。

(4) a 口をパクパクする。

b ガムをクチャクチャする。

(5) a 体がバラバラになる。

b 体がV字になる。

c ピカピカの一年生。

d 茶髪の一年生。

このように、擬音語・擬態語の文中でのはたらきは実にさまざまであり、単純に副詞と言い切ることはできない。しかし、このことは、副詞という品詞そのものが品詞論のなかで不安定な品詞であることのあらわれでもある。竹内（1973）は、諸説を対比させながら副詞とは何かについて議論を展開しているので、この問題に興味のある方は参照されるとよい。このなかで、竹内は、擬音語・擬態語については一応副詞と考えている。ただし、「〜に」、「〜と」の形をとるものは、ある状態をあらわす語の集合である「状態言」＋「副詞語尾」と考えたいとしている。

　単語をその機能によって品詞に分類する場合には、語の機能をどのように考え、何を分類の基準にするかが重要である。当然のことながら、その基準の違いにより分類方法が異なる。したがって、擬音語・擬態語がどの品詞であるかは、各品詞論の枠組みのなかで位置づけられるべき問題であるといえる。とくに、一般に副詞に分類される語は、名詞や動詞といった文の叙述内容のいわば核となるような性質を強くもっている語ではないので、それぞれの品詞論でその位置づけ方が異なることになると思われる。

　擬音語・擬態語がどの品詞に分類されるかという議論は、広く副詞について議論した上でなされる必要があるため、ここではこれくらいにしておこう。ただ、こうして擬音語・擬態語が文中でどのように機能しているかをみてみると、それらが実にさまざまなはたらきをする語であることがわかる。このことこそ擬音語・擬態語の大きな特質であるといえよう。

3章 擬音語・擬態語の構造を分析する

擬音語・擬態語は感覚表現に根ざす感性語である。したがって視覚、聴覚、嗅覚、味覚、皮膚感覚（触覚を含む）の基本五感覚に分類できるものが多く含まれている。苧阪（１９７８）によれば、日本語の擬音語・擬態語を五感に分けて分類すると、聴覚による擬音語と視覚および触覚（皮膚感覚や痛み感覚を含む）による擬態語が三者でそれぞれ3割を占め、味覚と嗅覚は数例を数えるだけであった。人間の認知活動における視聴覚の重要性からみて、擬音語・擬態語が視聴覚で多いのは納得できる。しかし、触覚を基盤にする擬態語が多いという事実は特筆に値する。これは日本人が触覚や皮膚感覚に感受性が鋭いこと、さらに触覚的感性が日本分化の感性の基底にあることを示唆しているものと受け取ることができる。日本文化は触覚優位型の文化であるようである。

さらに、それらの感覚間のクロスモーダル（交差感覚的）な融合効果をもうまく表現しているのは驚くべき事実である。たとえば、ツルツルは触覚と聴覚、ピリピリは味覚と皮膚感覚の融合を示している。このように擬音語・擬態語の分類を進めていくと、そこには固有の文化に根ざした感性の世界が見えてくる。

◑リズム

擬音語・擬態語は現在ではカタカナで表記されることが多いが、もともとひらがなで書かれていたものが、中世以降片かなを用いることが多くなったといわれる。さらに、終戦後国語審議会などの勧告により、擬声語にカタカナが用いられたり、小学校教科書で擬音語がカタカナ、擬態語がひらがなで表記されるようになり、それが現在にまでおよんでいるともいわれる。しかし、今日では表現上の強調や、ひらがなとのまぎらわしさから、擬態語もカタカナ表記されることが多くなった。

擬音語・擬態語のもう一つの特徴は、そのいずれもが動き、運動、成長などのリズムを内包させていることである。とくに、本書のもととなった調査や実験で用いた「清音重畳型あるいはＸＹＸＹ型」（たとえばキラキラなどのように音節が2回繰り返される擬音語・擬態語）にはその特徴がよくあらわれている。また、擬音語・擬態語のイメージ喚起力は、とくにそれが副詞的に使われた場合に動きや成長の印象が強化される。たとえば、「ニョキニョキと豆の木が生えた」とか「目がグルグル回った」という表現をみれば、そのことがよくわかる。

◯擬音語・擬態語と連想

擬音語・擬態語のはたらきを心理学的に検討するためには、その出発点として、研究の基礎となる連想のデータを集める必要がある。多くの被験者に擬音語・擬態語を言語刺激として与えたとき、その擬音語・擬態語が喚起するイメージ（想起される事象や対象）の平均的資料を多くの人について集める必要がある。そこで、大阪の大学生290人について、469語の擬音語・擬態語の連想反応を調査した。調査方法は469語の各擬音語・擬態語（印刷されたもの）について第一反応の連想を記入してもらう質問紙法を用いた。連想項目調査を始めるにあたっては、次のような教示を与えている。

「次にあげる擬音語・擬態語から連想するコトバ（思い浮かべるようす、状態やイメージ）を簡単に一つだけ書いてください」。

そしてこう教示した後で、次のような例をあげた。

「たとえば、刺激語が「キラキラ」の場合は、星、光る、瞳、などが連想されるでしょう。また、「ガタガタ」の場合は、車、ふるえる、寒い、などが連想されるでしょう」。

この質問紙法を用いて連想順位表をつくった。付表1には「刺激語に基づく連想順位表」（196ページ）を、付表2には、「反応語に基づく連想順位表」（208ページ）の一部分が示されている。本書で報告されている調査や実験はこれらの表をもとに行われている。

◯擬音語・擬態語の分類

擬音語・擬態語の分類は基本となる感覚モダリティなどによって主観的に分類することが可能である。しかし、擬情語などと呼ばれる感情や心の状態を表現する感性語については、クラスターのカテゴリー境界を明瞭に定めることは困難である。

この分類問題を合理的な基準で解決する方法として、まず、(1) ４６９語の刺激語（個々の擬音語・擬態語）に対する連想反応（たとえば、「キラキラ」という刺激語に対する連想反応語は星、光る、目……などがある）を集計することにより擬音語・擬態語の連想基準表を作成した。さらに、(2)基準表にあらわれる多数の反応語（13万６０１０語）を逆分類（たとえば、星という反応語に対する刺激語はキラキラ、チカチカ、などがある）することによって共通するクラスターを求めた。

また、４６９語の刺激語に対する反応頻度について、擬音語・擬態語のカテゴリー（階層）を抽出した（主成分分析による）。さらに、それらのカテゴリー（および主観的に分類したカテゴリー）を参考にして、同じカテゴリー内の擬音語・擬態語対について非類似性を評定した。そして、いくつかのクラスターについて相互関係の詳細な下位カテゴリー構造を抽出した。以上の分類法によるカテゴリー化手続きの詳細と得られた分類表については、巻末の付録を参照されたい。

❍擬音語・擬態語の因子構造

上記の469語の擬音語・擬態語の潜在構造を求める試みとして、刺激語にもとづく主成分分析をおこなった結果を述べてみたい。主成分分析というのは、多数の変数をもつデータをなるべく少数の因子成分で説明するための統計的な方法である。入力データは、13万6010の反応語と469の刺激語からなるマトリックスである。

計算された因子パターンに解釈を加えたものを表3・1に示す。

因子ごとにみてゆきたい。まず、第1因子は動作や心的状態を示すもの、第2因子は笑いを、第3と第4因子はそれぞれ液体（雨）と湿度（水分）にかかわるものを示唆しているように思われる。前者は動的な、後者はより表面触的なものを示唆している。第5因子は飲食の動作とかかわるもの、第6因子は目や視覚の諸相を含むが、第二成分として目の動き（たとえば、キョロキョロ、マジマジなど）を含んでいる。第7因子は聴覚や風の尺度を示していると考えられる。最後に、第8因子は一般的な勢いを示す他、一部に怒りや聴覚的成分を含んでいるようにみえる。アステリスクのついている刺激語は因子間にまたがって出現する擬音語・擬態語を示す。

表３・１　469語の擬音・擬態刺激語に対する反応語の頻数を入力データとした場合の全体の主成分分析（バリマックス解）の結果，抽出された８つの因子群の解釈　（＊印は因子にまたがるものを示す）

第１因子（動作）		第２因子（笑い）	第３因子（液体・雨）		第４因子（湿度・水分）	第５因子（飲食のようす）	第６因子（目・視覚）	第７因子（聴覚・風）	第８因子（勢力・心的状態）
イソイソ	ドタドタ	カラカラ	＊ガブガブ	ボタボタ	カサカサ	ガツガツ	アリアリ	カタカタ	イライラ
ウラウラ	トボトボ	クスクス	グショグショ	ポタポタ	クシャクシャ	ガバガバ	キョトキョト	ガタガタ	ガヤガヤ
ウロウロ	トロトロ	クツクツ	グチュグチュ	＊ボツボツ	サラサラ	＊ガブガブ	キョロキョロ	＊ゴウゴウ	アカアカ
カツカツ	ノコノコ	ゲラゲラ	＊ゴウゴウ	＊ポチャポチャ	＊ツヤツヤ	ゴクゴク	ギュヨギョロ	サアサア	ギャアギャア
シズシズ	ノシノシ	ケタケタ	サアサア	ポツポツ	テカテカ	ゴボゴボ	キラキラ	サヤサヤ	クネクネ
シャキシャキ	ノソノソ	ケラケラ	ザアザア	ポトポト	バサバサ	ジャンジャン	ギラギラ	サラサラ	ザワザワ
シャナリシャナリ	ノッシノッシ	スクスク	シトシト	ボトボト	パサパサ	チビチビ	グリグリ	サワサワ	ズケズケ
スカスカ	ノロノロ	＊テラテラ	ジトジト		フラフラ	チマチマ	クリクリ	ヒュウヒュウ	チビチビ
ズカズカ	バタバタ	ニコニコ	ジメジメ		ボサボサ	チョビチョビ	コウコウ	ピュウピュウ	＊テイテイ
スタスタ	ヒタヒタ	ニタニタ	シャアシャア			＊チョボチョボ	シゲシゲ	ジュンピュン	ドヤドヤ
ズタズタ	ピタピタ	ヘタヘタ	ジャアジャア			トクトク	ショボショボ	ビュンビュン	ドンドン
ズンズン	ヒョコヒョコ	ヘラヘラ	ジュクジュク			ドクドク	ジロジロ	リュウリュウ	トントン
セカセカ	フラフラ	ホクホク	＊チョボチョボ			ナミナミ	チカチカ		バシバシ
ソロソロ	ペタペタ		ドロドロ			ノメノメ	チラチラ		パンパン
ゾロゾロ	＊ペトペト		＊バシャバシャ			パクパク	チロチロ		バンバン
ダラダラ	＊ポコポコ		＊パチャパチャ			＊バシャバシャ	＊ツヤツヤ		ピシピシ
チマチマ	＊ボツボツ		パラパラ			＊ピチャピチャ	＊テイテイ		ブスブス
チャカチャカ	ボテボテ		ピシャピシャ			＊パチャパチャ	テカテカ		ブリブリ
チョコチョコ	モソモソ		ピショピショ			＊ポチャポチャ	＊テラテラ		プリプリ
＊チョボチョボ			＊ピチャピチャ			ムシャムシャ	ピカピカ		プンプン
ツカツカ			ビチャビチャ			ムニャムニャ	マザマザ		＊ポコポコ
テキテキ			ベチャベチャ			モクモク	マジマジ		ポンポン
テクテク			ペチャペチャ			モグモグ	ランラン		ワァワァ
ドカドカ			ベトベト			＊モソモソ	ロウロウ		
トコトコ			＊ペトペト			モリモリ			

◐擬音語・擬態語の空間構造を探る

まず、擬音語・擬態語辞典と国語辞典（CD‐ROMならば話しはもっと簡単）から一音節重畳型の擬音語・擬態語をすべて抽出し、カードに記録した。次に、集めたカードを五つの感覚別にカテゴリーに分類する（複数の感覚にまたがるものは別途分類しておく）。分類したカードを今度はカテゴリー内でさらに細かく分類してゆく。この段階で類似性の高いn個の擬音語・擬態語（n枚のカード）が抽出できる。次にそれらをペアにして二者間の非類似性を、7ポイント尺度で、すべての組合せについて被験者に評定させる。こうして得られたデータに多次元尺度解析法（Multi-dimensional Scaling Method: MDS）と呼ばれる解析法を用いて、個々の擬音語・擬態語相互が互いに似ていない（似ている）程度を数値化し、3次元のユークリッド空間にそれぞれの擬音語・擬態語がどう布置されるかを求めた。

こうして得られた擬音語・擬態語の分析結果から、比較的安定したまとまり＝クラスターを形成することが示された以下の動詞についての結果を示そう。

「笑う」の心理空間

反応語として「笑う」のクラスターに分類された11の刺激語を用いた（図3・1）。クスクス―1、

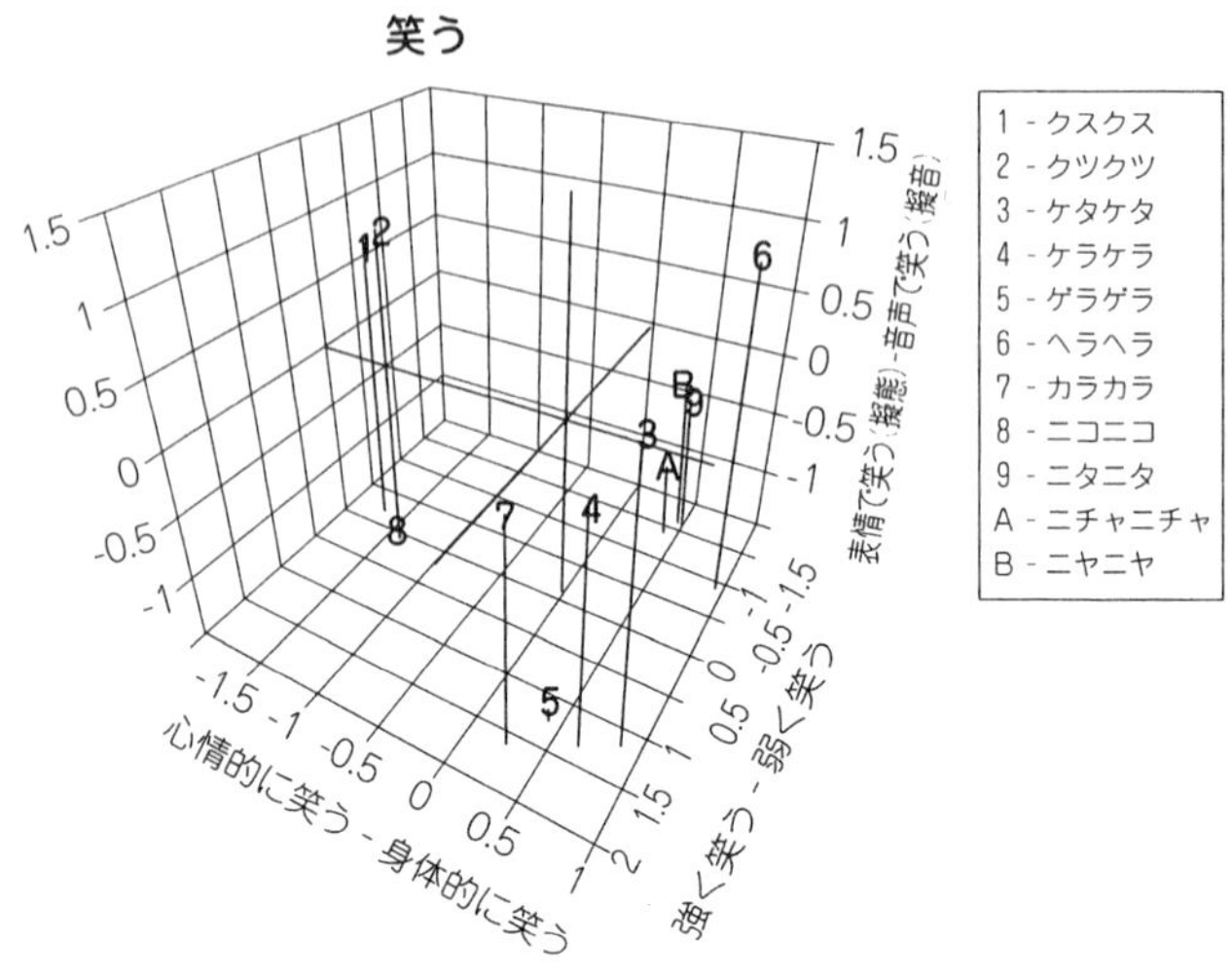

図3・1　「笑う」の心理空間

クツクツ—2、ケタケタ—3、ケラケラ—4、ゲラゲラ—5、ヘラヘラ—6、カラカラ—7、ニコニコ—8、ニタニタ—9、ニチャニチャ—A、ニヤニヤ—Bである。

3次元ユークリッドモデルで解析した結果、上図のような空間布置が得られ、11個の刺激は三つの解釈軸（心情的に笑う‐身体的に笑う、強く笑う‐弱く笑う、表情で笑う‐音声で笑う）で形成される心理空間に位置づけられた。図で数字やアルファベットが表示してある位置が空間布置を示している。3次元空間は遠近画法的に表現してあり、空間布置が近いほど類似性が高く、遠いほど類似性が低い。刺激語1、2、8とそれ以外の刺激語は「心情的‐身体的」の軸で分けられること、7、5、4、3の順で笑いの強さが弱くなってゆく

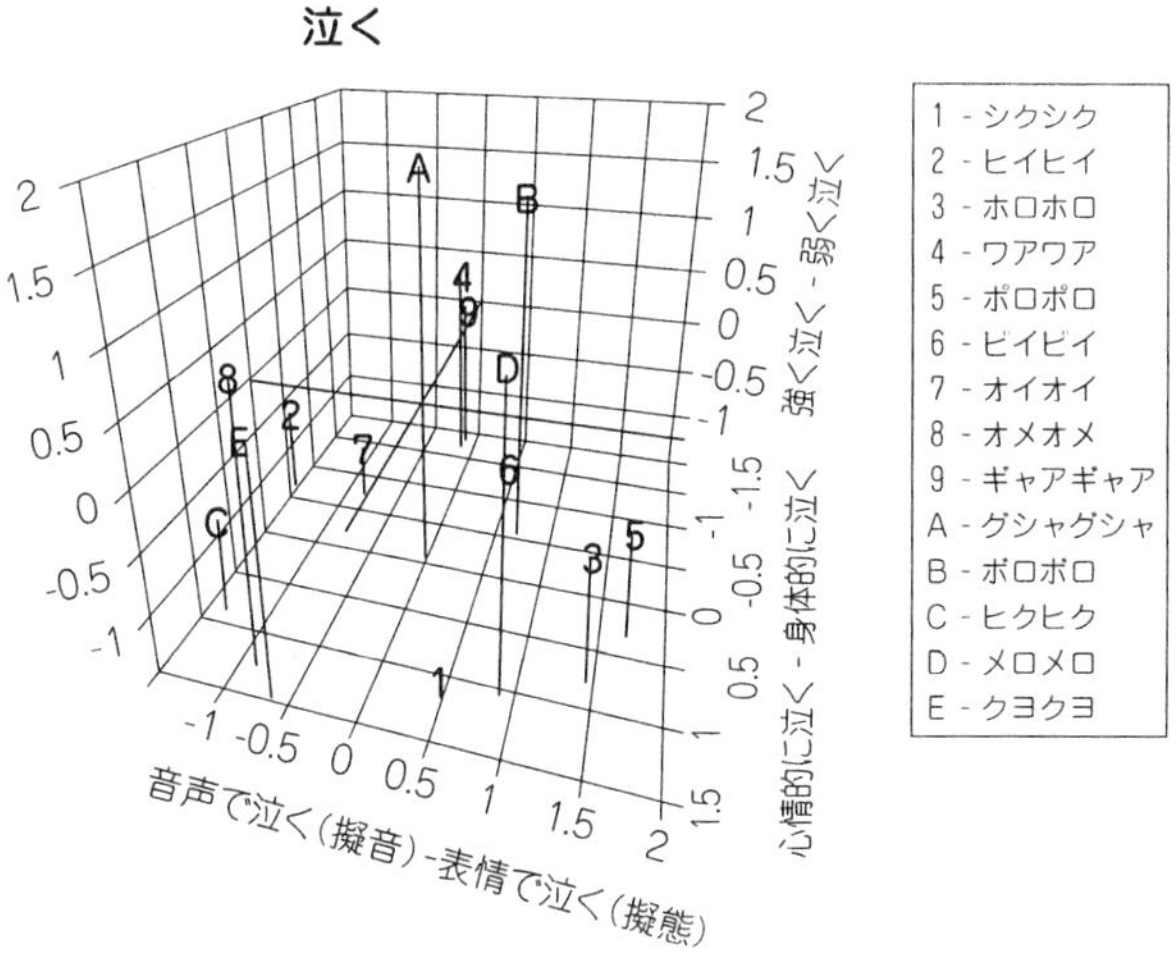

図3・2　「泣く」の心理空間

こと、さらに「表情・音声」でも笑いが分類可能なことを示している。この空間布置はあくまで一般的な解釈であり、刺激語によってはうまく布置に当てはめられていないケースもある。

「泣く」の心理空間

「泣く」のクラスターに分類された刺激語は、シクシク—1、ヒイヒイ—2、ホロホロ—3、ワアワア—4、ポロポロ—5、ピイピイ—6、オイオイ—7、オメオメ—8、ギャアギャア—9、グシャグシャ—A、ボロボロ—B、ヒクしク—C、メロメロ—D、クヨクヨ—Eの14語である。

笑うと同様の構造分析をおこなった結果が図3・2である。14個の刺激は笑うと同様に三つの解釈軸（心情的に泣く - 身体的

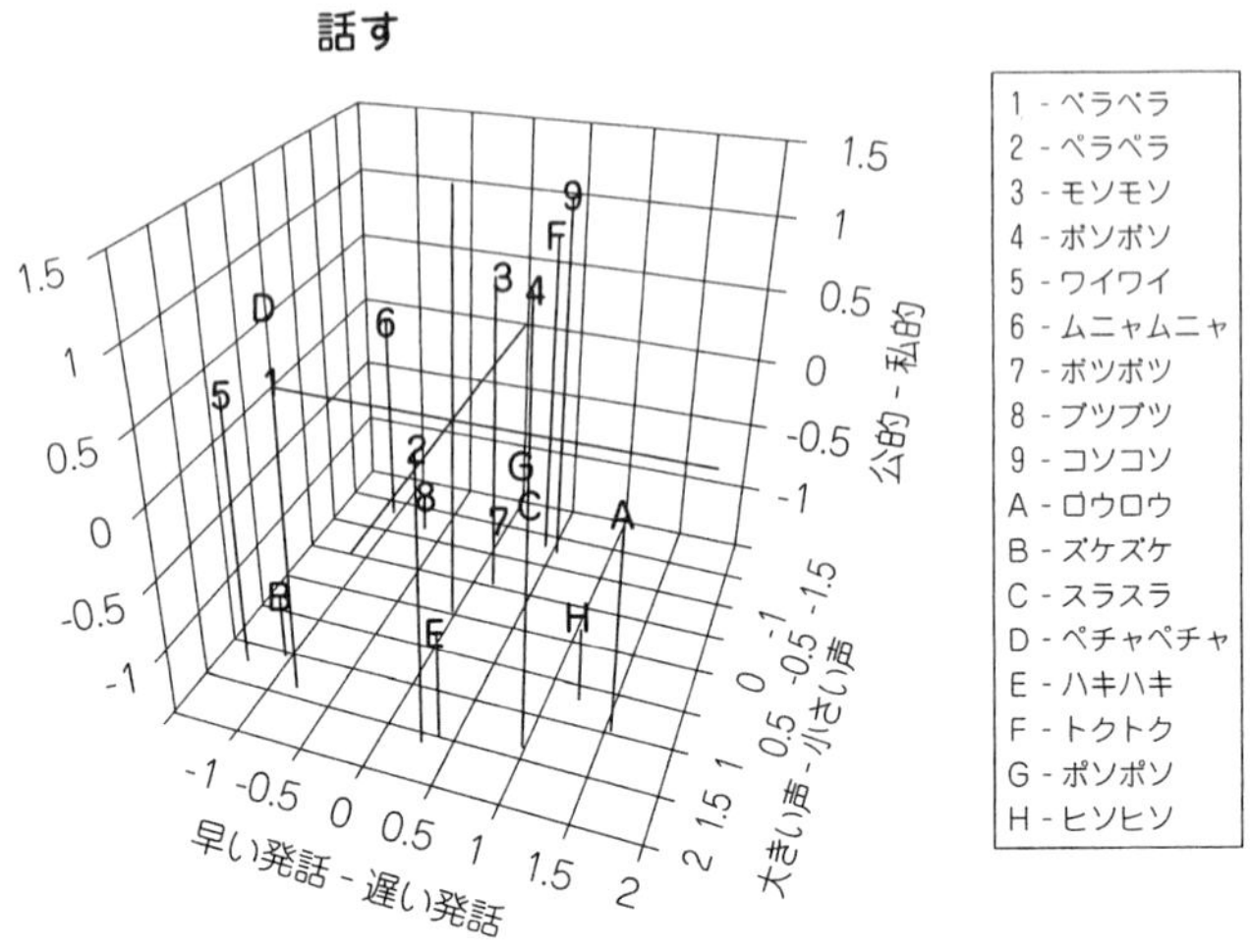

図3・3　「話す」の心理空間

に泣く、強く泣く–弱く泣く、表情で泣く–声で泣く）で形成される心理空間に位置づけられた。刺激語4、9が身体的に泣く、1が心情的に泣くに位置づけられること、A、B、9の順で強さが弱くなってゆくこと、2、C、7が音声で、5、3が表情で泣くなどの傾向がみられる。しかし、8、Dなどは泣くのカテゴリーとしては少し異質な成分をもっているようである。

「話す」の心理空間

「話す」クラスターに分類された17の刺激語は、べラべラ–1、ぺラぺラ–2、モソモソ–3、ボソボソ–4、ワイワイ–5、ムニャムニャ–6、ポツポツ–7、ブツブツ–8、コソコソ–9、ロウロウ–A、ズケズケ–B、スラスラ–C、ぺ

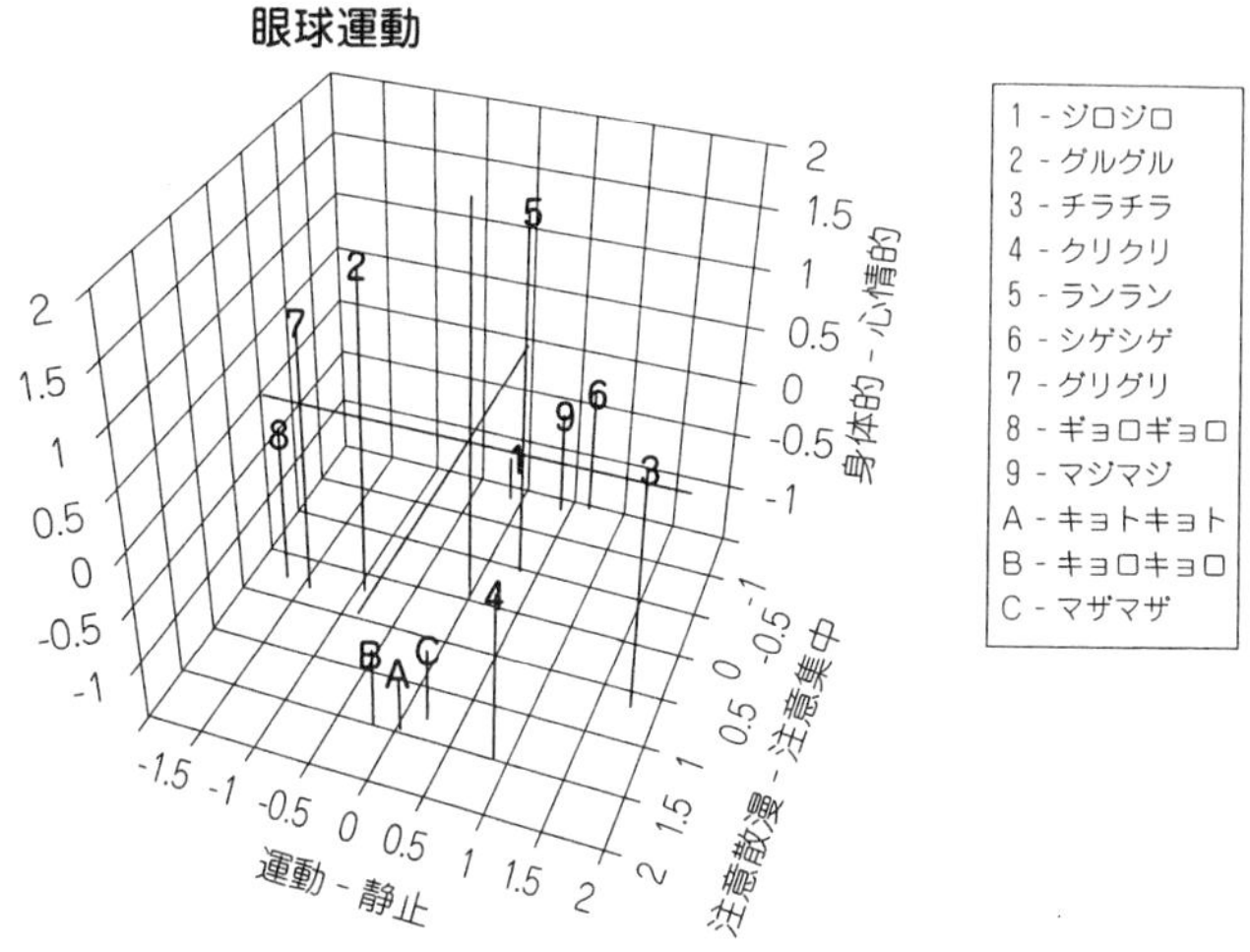

図3・4　「視線の動き」の心理空間

チャペチャ－D、ハキハキ－E、トクトク－F、ポソポソ－G、ヒソヒソ－Hである。

同様の解析の結果、17個の刺激はやはり三つの解釈軸（テンポの早い発話－テンポの遅い発話、大きい声－小さい声、公的－私的）で形成される心理空間に位置づけられた（図3・3）。刺激語5、D、Eの順で早い発話（しゃべる速さ）、2、7、9の順で大きい声などが位置づけられるが、公的-私的の軸についてはやや解釈に問題を残しているといえよう。

「視線の動き」の心理空間

「視線の動き」あるいは「眼球運動」のクラスターに分類された12の刺激語は、ジロジロ－1、グルグル－2、チラチラ

—3、クリクリ—4、ランラン—5、シゲシゲ—6、グリグリ—7、ギョロギョロ—8、マジマジ—9、キョトキョト—A、キョロキョロ—B、マザマザ—Cである。

解析の結果、12個の刺激はやはり三つの解釈軸（運動-静止、注意散漫-注意集中、身体的-心情的）で形成される心理空間に位置づけられた（図3・4）。刺激語8、7、2の順で視線の運動が小さなものから大きいものへ、A、4、Bが注意散漫（目の移動が大きい場合は注意散漫と解釈した）であるのに対し、5、1、9、6は注意集中（移動がなく一点に集中していると解釈した）の傾向がみられる。一方、身体-心情の軸は解釈がむずかしいがA、Bなどを目の運動（身体運動）に、5を心情としたが他の刺激語についてはうまく説明ができない。

❍擬音語・擬態語の強さを分析する

スチーヴンスによって開発された感覚尺度の構成法に、マグニチュード推定法（magnitude estimation method／苧阪、1994）がある。この方法は、たとえば、感覚尺度の場合なら被験者に強度や質の異なる感覚刺激を呈示し、その主観強度を心理尺度の上で数字（比率）で位置づけるものである。

ふつう、マグニチュード推定法では刺激として物理次元で操作可能なものを選ぶが、ここでは擬音語・擬態語を刺激語とみたてて主観マグニチュード・スケールをつくってみた。クラスターを形成する9語群を選び、それらの語を刺激語とみたてて、被験者に刺激語の与える印象についてマグニチュード評価させた。評価の際、評価の一次元性を明らかにするため、「年齢評価」と「歩く早さ」の評価以外は、刺激語の一般的「強さ」の次元にのみ注目して評価するように求めた。

被験者は、大学生19名である。図3・5に結果を示す。刺激語群（カテゴリー）ごとに示してある。「年齢」以外はいずれも横軸が「強さ（強度）」をあらわす。図の左から右に向かってスケール値は弱から強へと変化している。横軸上には各刺激擬態語の主観評価値が示されている。評定値について分析したところ、年齢、光の強さ、痛みの強さ、声の強さ、眼球運動の強さ、笑い声の強さ、泣き声の強さ、歩く早さ、雨の強さのそれぞれの語群でいずれも統計的に有意なイメージ喚起力の効果が認められた。

年齢語群

ヨチヨチやヨタヨタは0－2歳の年齢近傍に集まり、ヨボヨボが80歳の年齢近辺に評定されているのは興味深い。ヨタヨタが2歳と75歳で出現するのは、この語を幼少と評価したものが約26％いたためである（つまり、74％の人は老人を連想することを示す）。このような両方向で異なるイメージ喚起をもたらす擬態語はおもしろい心理効果をもたらす。これらの擬態語は歩く姿を表現したものであるが「歩く姿」の状態を早い－遅い、規則正しい－規則正しくないなどの状態の軸を設定しその意味構造を分類するという方法もある（室山、1972）。

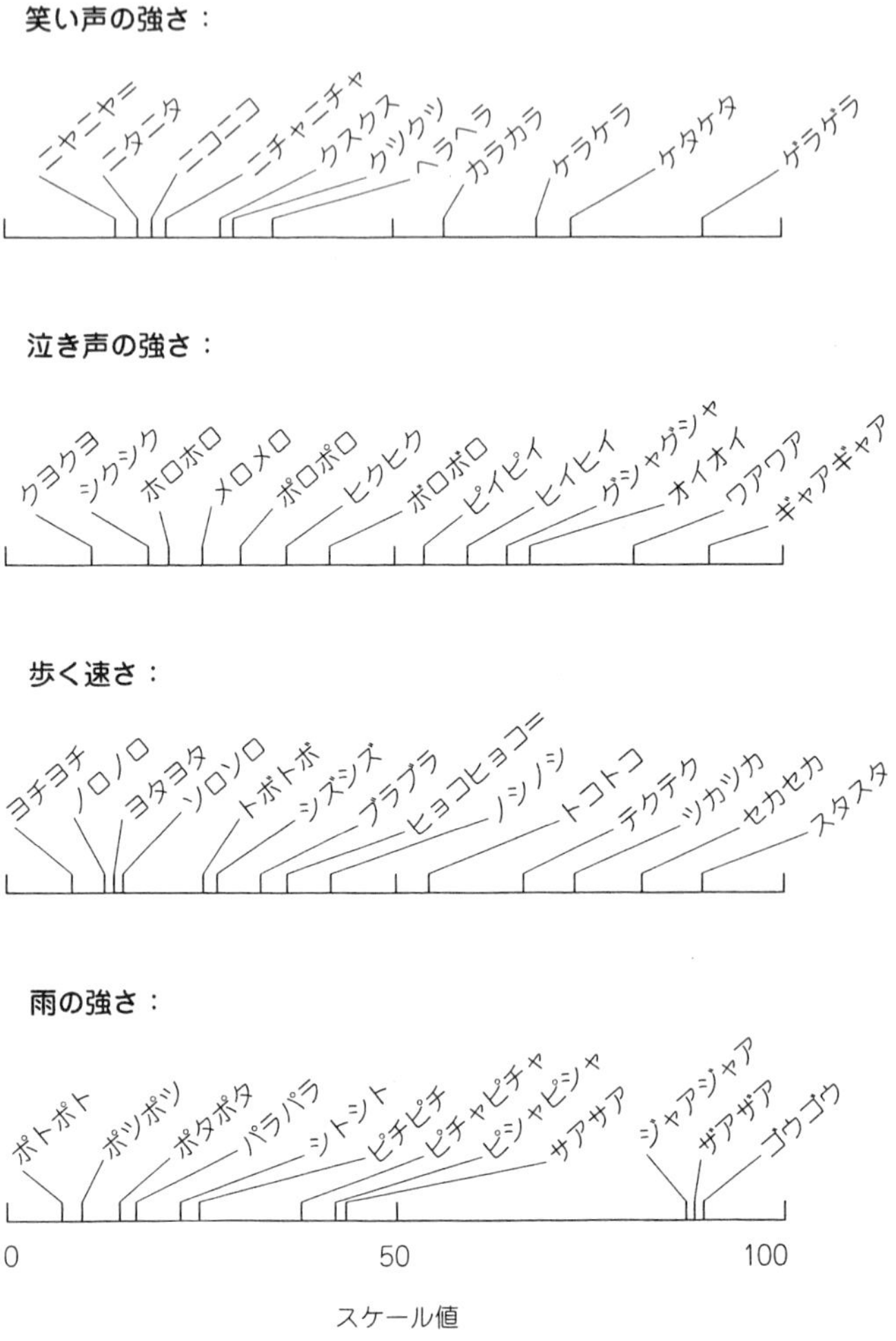

図3・5　マグニチュード推定法による結果

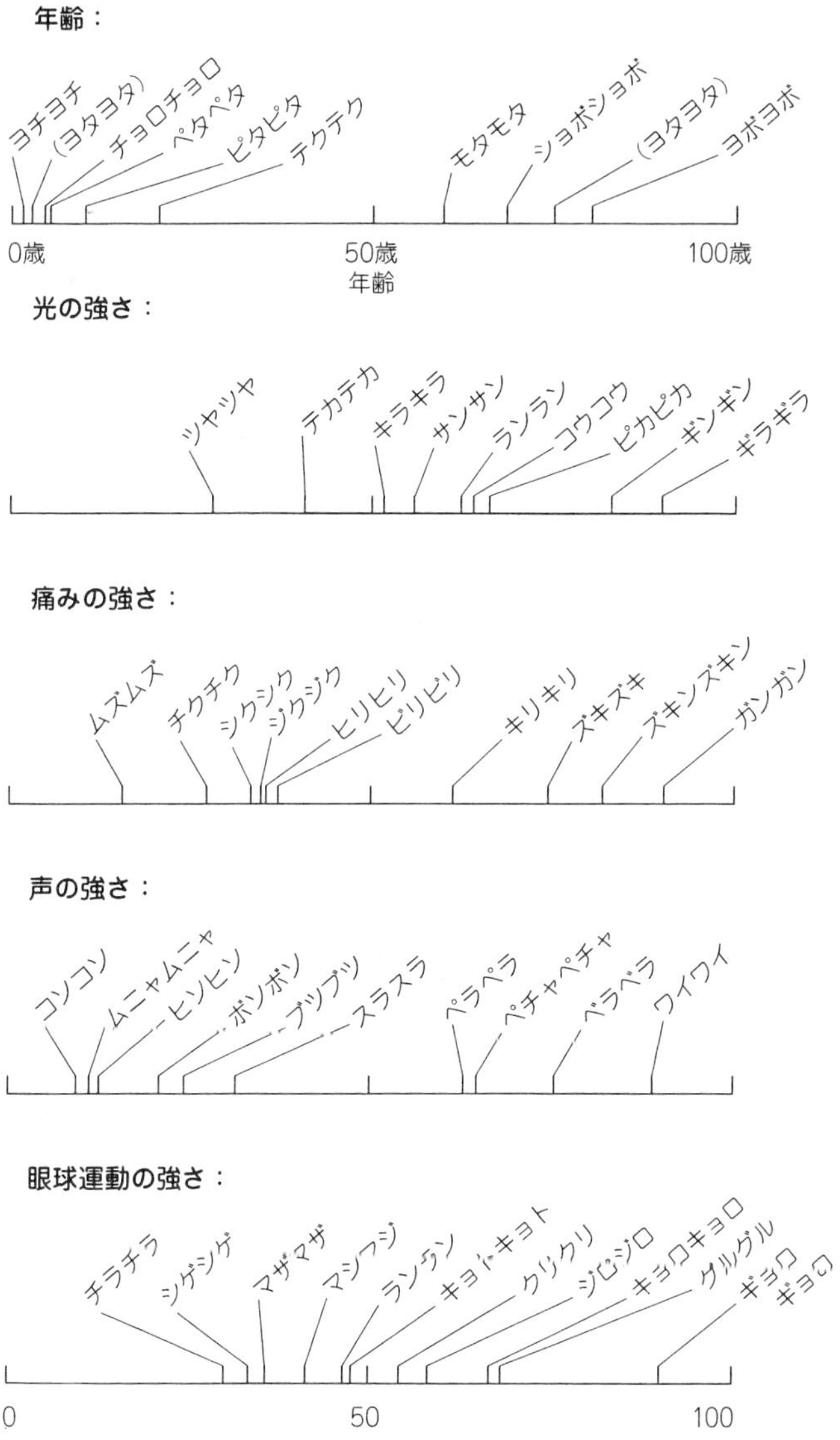
年齢：
ヨチヨチ
（ヨタヨタ）
チョロチョロ
ペタペタ
ピタピタ
テクテク
モタモタ
ショボショボ
（ヨタヨタ）
ヨボヨボ
0歳
50歳
年齢
100歳
光の強さ：
ツヤツヤ
テカテカ
キラキラ
サンサン
ランラン
コウコウ
ピカピカ
ギンギン
ギラギラ
痛みの強さ：
ムズムズ
チクチク
シクシク
ジクジク
ヒリヒリ
ピリピリ
キリキリ
ズキズキ
ズキンズキン
ガンガン
声の強さ：
コソコソ
ムニャムニャ
ヒソヒソ
ボソボソ
ブツブツ
スラスラ
ペラペラ
ペチャペチャ
ベラベラ
ワイワイ
眼球運動の強さ：
チラチラ
シゲシゲ
マザマザ
マジマジ
ランラン
キョトキョト
クリクリ
ジロジロ
キョロキョロ
グルグル
ギョロギョロ
0
50
100

光の強さ

ツヤツヤ、テカテカが50以下、上位からギラギラ、ギンギン、ピカピカ、コウコウ、ランラン、サンサン、キラキラの順となる。キラキラとギラギラでは後者が濁音付きとなるのみの差であるが、光の強さの印象ではギラギラがほぼ倍の感覚評価をもたらしている。この濁音付加が感覚強度の上昇をもたらすことは他の擬態語でも確認されており（筆者は「濁音効果」と呼んでいる）、興味深い。印象強化の意味でも濁音付擬態語（擬音語）は大きな効果が期待されるのである。しかし、感覚印象以外にも、感情的含意が伴うので注意がいる。たとえば、「キラキラした目」と「ギラギラした目」では感情的含意が全く異なっている。

声の強さ

50以下では私語や不平などと関連した擬態語が多く、50以上では反対に二者以上の間の会話に関するものが多い。また、50前後のふつうの声の強さレベルでは、スラスラ、ペラペラなど話声の「流暢性」に関与するものもみられる。「スラスラと英語をしゃべる」と「ペラペラと英語をしゃべる」では、前者の方が声が小さいといえよう。

眼球運動の強さ

目の動きを眼球運動というが、これは視線の動きの程度と考えてもよい。ただし、凝視の強さではないことに注意。50以下には主に凝視に関するものが、50以上ではギョロギョロを筆頭に、グルグル、キョロキョロ、ジロジロ、クリクリ、キョトキョトなどが並ぶ。ギョロギョロは濁音なしのキョロキョロより強いのはキラキラとギラギラの例と同じ濁音効果の現象である。

笑い声の強さ

この項目でも、濁音効果がみられる（ゲラゲラvsケラケラ）。順序はほぼ妥当なものであろう。

泣き声の強さ

この項目ではめずらしい項目間の比較ができる。それは、ボロボロvsホロホロvsポロポロの相互の強さ次元の順序である。前二者は「濁音効果」で説明できる。後二者でポロポロが上位に位置しているので、破裂音は清音（ホロホロ）より強いことがわかる。つまり、破裂音をもつ擬音語・擬態語はおよそ、その感覚印象において、清音と濁音付きの間にくるということが推定されるのである。ここでは、清音＜破裂音＜濁音の規則を「濁音・破裂音効果」と呼んでおこう。

歩く速さ

この項目は、「年齢」の項目と類似する点が多い。それぞれの位置を占める擬態語にも、無心に歩くもの、がっかりとして歩むもの、自信ありげに進む者など、微妙な心理状態が反映されていて興味が尽きない。

雨の強さ

50以下では雨滴がしたたり落ちる音が多く、50前後では雨垂れや雨滴があたるときに出る音、50以上では大雨で風雨が集合的に発する音が多く認められる。50以上では、風の強さの要因も含まれると推測される。

以上、それぞれの語群で強さという一次元上の尺度で納得できる順序配列となっており、マグニチュード推定法が擬音語・擬態語に由来する強度の有効な尺度法であることを示唆している。以上の分析から、主観的な「強さ」の尺度の軸上では次のような規則が存在することがわかった。

(1) 清音より濁音の方が強度が大きいこと（例、キラキラ＜ギラギラ／シクシク＜ジクジク／キョロキョロ＜ギョロギョロ／ケラケラ＜ゲラゲラ／ホロホロ＜ボロボロなど）（濁音効果）

(2) 清音より破裂音の方が強度が大きいこと（例、ヒリヒリ＜ピリピリ／ホロホロ＜ポロポロ）（破裂音効果）

(3) (1)、(2)より、強度が弱い順に清音＜破裂音＜濁音の順となること（例ホロホロ＜ポロポロ＜ボ

ロボロ）（濁音・破裂音効果）

このように、一般的には「清音＜破裂音＜濁音」の序列規則の他に、これら三つの擬態語の主観強度には感覚的「加算性」が認められることも明らかとなった。

痛みの強さ

50以下では表面的な皮膚の痛み、50以上では深い皮膚の痛みから頭部の痛みに変化してゆく様相がみられる。この項目についてはさらに痛みの感覚の分類について検討を加えた。

◯痛みの感覚の分類の試み

前項で用いた、第三語群（痛みの強さ）の10語を用いた。マグニチュード・スケールは前項と同じであるが、痛みをあらわす擬態語とその身体部位との関連を検討した。手続きとしては質問紙に身体部位を記入してもらった。被験者は前項の実験に参加した者であった。

表3・2にはそれぞれの痛みの擬態語が示す身体部位との関連を示す。まず、「痛み」と呼ばれる感覚が他の感覚と異なり、身体の内部から生じる固有感覚であることに注意する必要がある。そして、痛み感覚は身体の危機と結びつく切実な感覚でもある。この実験の実施の意図は、擬態語を用い

ることによって、非常に主観的な痛み感覚の発生部位とその痛みの程度（強度）を特定することができるのではないか、という発想である。たとえば、患者がズキズキと痛いといえば、これは6対2対1の割合で発生部位は［頭］対［腕］対［歯］であり、その程度は主観尺度で約70である。さらに、ガンガンと痛いとなれば１００％頭であり、程度は90前後の強いものとなる。

このように、一つの痛みの擬態語が「量と質」の両者をあわせ指示することができることから、たとえば医者と患者のコミュニケーションの改善にも大いに役立つはずである。医者にとっても患者にとっても切実な問題であるだけに、擬音語・擬態語の効用は大きく、診療の改善にも役立つと考えられる。また、ヒリヒリのような皮膚の表面からキリキリのように皮膚深部に至る「体表面からの深さ」と関連するものも多いと推定される。

表3・2　身体部位との関連
（10％以下は省略）

ガンガン（頭100％）
ズキンズキン（頭61％　歯28％）
ズキズキ（頭58％　腕21％　歯10％）
キリキリ（腹74％　頭10％　歯10％）
ピリピリ（舌335％　腕24％）
ヒリヒリ（膝，肘45％　背20％　顔15％）
ジクジク（足73％）
シクシク（顔59％　歯18％）
チクチク（腹26％　手26％）
ムズムズ（鼻24％　足24％　背18％）

❍絵・マンガ評定法

ここで、もう一つ「絵、あるいはマンガ」による評価法を考案してみよう。絵やマンガによる評価は工夫すれば子どもでも可能な評価法ともなり、また視覚情報による直接評価法でもあり、わかりやすいという特徴をもつ。たとえば、4コママンガなどで多用されるマンガ表現はたくみに擬音語・擬態語語を利用しながら簡略な線画表現を配し、おもしろい文脈効果を出しているものが多い。ここでは視覚と擬音語の効果について吟味した。絵モデル（マンガ・モデル）による風の強さの直接評価をおこなわせ、他の評価スケールとの違いを吟味した。

方法として、図3・6のような絵モデルを用いた。風がなければ傘の柄は垂直方向（図では破線で示す）を向いている。被験者には、風の強さについての擬音語を呈示し、それにみあった位置に傘の柄の傾きを絵に直接記入させる。図の角度 α が擬音語と対応してどのように変化するかを検討した。教示は「この擬音語で表現される風の強さを傘の傾きで評定してください」というものであった。

大学生40名が評定した結果（被験者が引いた線分から角度 α を分度器で測定）、角度 α（傾斜角）で評価させた風の強さの尺度は別に評定させたマグニチュード尺度のデータと完全に一致し、視覚イメージによる直接評価も良い指標を与えることが判明した。傘の角度は0度（垂直）から90度までとし、7語の平均角度を示したのが図3・6の上図である。45度近傍にはゴウゴウ、ビュンビュン、ビュウビュウが、30度以下では上位からピュウピュウ、ヒュウヒュウ、カタカタ、サワサワが並ぶ。ビュウビュウ>ピュウピュウ>ヒュウヒュウにみられる「濁音・破裂音効果」は既述のデータを裏づけている。マンガ（あるいは絵や写真）とマッチした擬音語を利用すればおもしろいイメージ化の効果が期待される。この実験は、視覚による情報とことば（擬音語・擬態語）による情報が等価なイ

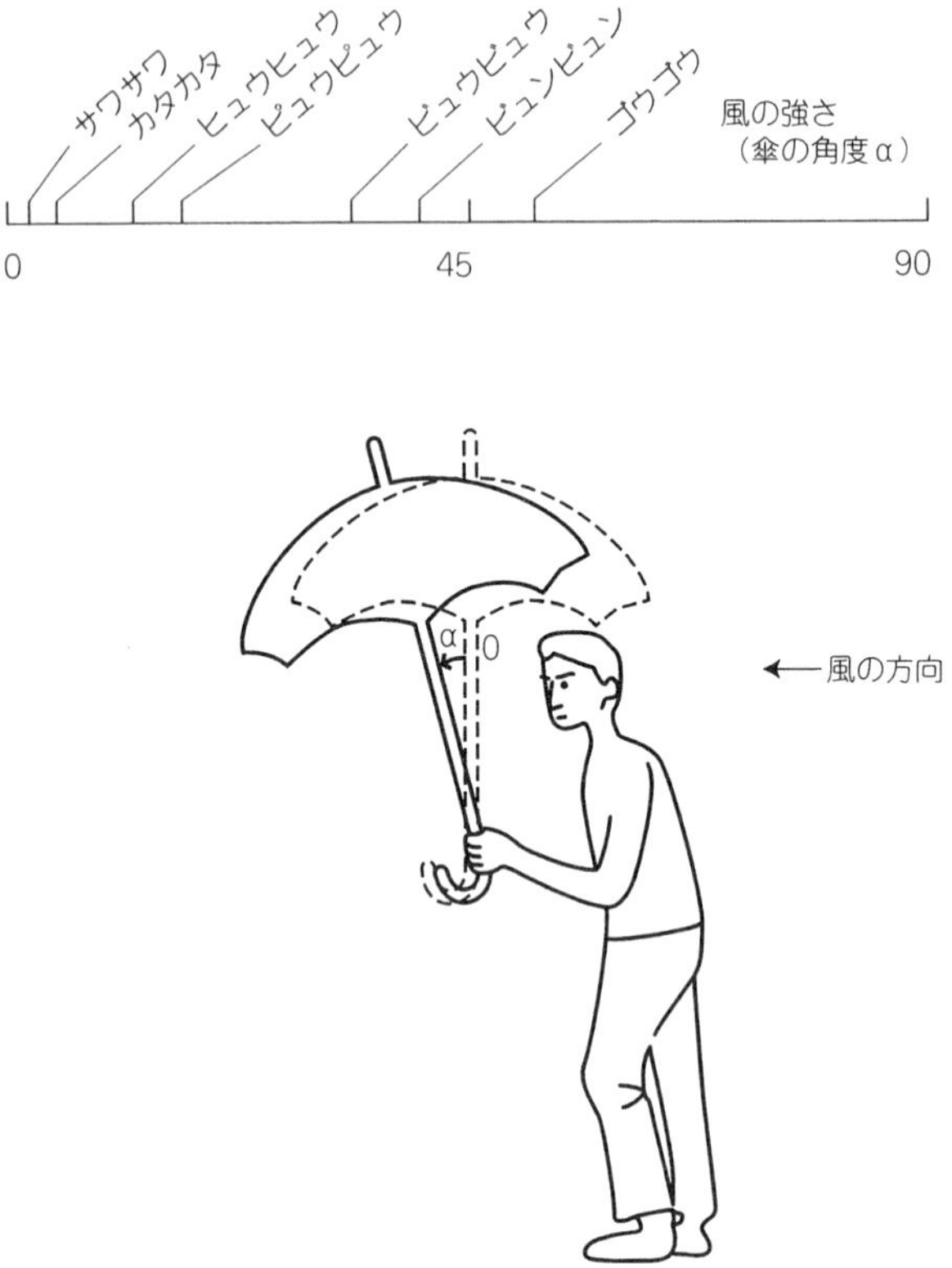

図3・6　絵モデルによる評価（風の強さ）
傘の角度αの値を強さのインデックスとする。

メージ化のポテンシャルをもつことを示唆しており興味深い。

表3・3　自由連想での出現順位のカテゴリー群化

モウモウ	牛，馬，牧場，草原，牛乳→火事，煙，はしご，消防車，たき火，焼いも
ペコペコ	空腹，昼，弁当→頭，おじぎ，あやまる，後輩→ブリキ缶，ゴムまり
キラキラ	星，月，夜空，ネオン，窓→瞳，美人，海，旅行
サラサラ	小川，流れる，砂浜，海辺→髪の毛，服，シルク，シャンプー
ピリピリ	怒った，こめかみ，神経，緊張→舌，辛い，カレー，とうがらし→日焼け，夏，擦傷→電気
ツルツル	はげ頭，光，校長，養毛剤→うどん，そば，エナメル，靴，廊下，掃除，すべる，床，石鹸
コチコチ	緊張，汗，手，ハンカチ→時計，目覚し，静かな部屋→氷，冷凍庫，フリーザー→ガードマン，靴の音，こわい，泥棒
カンカン	たたく音，うるさい，釘，金槌→火事，煙，サイレン，救急車

◑多義語における想起の順位

モウモウ、ペコペコ、キラキラ、サラサラ、ピリピリ、ツルツル、コチコチ、カンカンの8語は巻末付録の付表1の連想基準表からもわかるように、二つ以上の異なる連想をもたらす多義語である。記憶の心理実験では関連のない単語のリスト（たとえば、「鉛筆、帽子、牛、紙……」など）を記銘させ、後日それを再生させる場合、被験者はふつう共通のカテゴリーを有する単語をひとまとめにして群化再生する傾向（たとえば、「鉛筆、紙」など）がある。擬音語・擬態語の多義語における自由連想事態でも、似たようなカテゴリー群化が想起の時間軸上（想起順位）で生じているはずである。

この仮定を検討するため、上記8語それぞれについて、5分間のあいだ自由に連想してもらい、思い浮かぶ順に紙の上

表3・4　多義性の高い語

(1)	モウモウ	5.14	(1.24)
(2)	ペコペコ	5.10	(1.50)
(3)	カンカン	4.48	(1.73)
(4)	ピリピリ	4.14	(1.80)
(5)	サラサラ	3.91	(1.34)
(6)	ツルツル	3.81	(1.73)
(7)	コチコチ	3.57	(1.39)
(8)	キラキラ	2.52	(1.03)

数値は21名の平均値を，カッコ内は標準偏差値を示す。

に順次記入してもらった（21名）。このとき、被験者は10秒ごとに調査者の発する「はい」という合図ごとに単語間に区切りのスラッシュ記号を入れていった。そして、連想反応語を10秒ごとに区切り（30区間）、出現頻度を集計した結果、表3・3のような出現順位のカテゴリー群化が認められた。

表で、↓印の順は被験者により変わることがあるが、その場合も群として変わるだけで、群内で異なる意味の語と結びつく反応語（たとえば、牛↓火事↓牧場、など）がみられることは比較的少なかった。

さらに、この8語について、多義性の評定（7ポイント尺度で多義性の高いほど数値は大きい）をさせた結果、多義性の高いと評定されたものから、表3・4のような順位となった。巻末の付表の連想基準表と比べてみれば、よく対応していることがわかる。

なお、擬音語・擬態語と多義性の問題については、第8章にも詳しく述べられている。

4章

記憶を助ける擬音語・擬態語

われわれは、日々、五感を通して得られたさまざまな出来事や事象を記憶したり、思い出したりしている。テレビで見聞きしたこと、街角で出会った光景、木々や草花のにおい、食べ物の味、衣服の感触、土の手ざわり、人との会話、頭痛や胃痛など体内部の状態という具合にあげればきりがない。これら過去に得られた情報を思い出すとき、それぞれの感覚でとらえられたときと同じ感覚で記憶がよみがえるときもある。しかし、たいていは、「そういえば、～のときに～のような感じだったなあ」と、ことばに置き換えて、あるいは、ことばを添えて、思い出すことの方が多い。4章、5章、6章では、このようなことばに関する記憶のメカニズムで、擬音語・擬態語がどのような特質をもっているかを探ろうとして実施された心理学実験を紹介する。この4章では、目の前の文が、以前見たことのある文か否かを判断する再認課題をおこなって、文に含まれている修飾語のはたらきについて考えてみる。

◐文の想起

われわれは、ある文から鮮明なイメージを思い浮かべたり、情動を強く喚起させせられたりしたときには、無理に覚えようとしなくてもその文を長く覚えているものである。また、なにかの折に、その文や、その文にまつわる情景、そのときの自分の感情などを思い出したりすることもある。最近の広告に使われている文や語句には奇抜な語の組合せや独自の用語、突飛な擬音語・擬態語が用いられていることが多い。それらは、その広告そのものを人々の記憶に強く残すことにより、宣伝されているものを同時に記憶に強くとめおこうと意図されている。

われわれがどんなふうに文や事象を記憶したり想起したりするのか、そのメカニズムについては今のところまだはっきりとわかってはいない。しかし、どのような形で文が記憶されるにせよ、文中の語や、文そのものによって喚起されるイメージや情動などは、記憶される文の核となる意味内容になんらかの情報を付け加えるものだといえる。そして、そのような付加的な情報は、その文の記憶内容を豊かにし、その記憶内容は長く保持されるようになるだろう。また、それらは、文や事象を想起するときの手がかりとなるだろう。たとえば、日本語文を用いた実験で、豊田（１９８７）は、ある単語を覚えるときに、その単語がイメージ喚起性の高い文中に含まれている方が、イメージ喚起性の低い文中に含まれている場合より覚えやすいことを報告している。この場合は、文によって喚起されたイメージが記憶の手がかりになることを示している。

◯修飾語のはたらき

ところで、文のなかに含まれる形容詞や副詞などの修飾語は、その文の叙述内容をより詳しくしたり、意味的に限定したりするはたらきをする。そして、その文を見聞きした人は、より生き生きしたイメージや印象をもつのである。擬音語・擬態語は、そのような修飾語としてさまざまな文に効果的に用いられる。

たとえば、「風が吹く。」という文を読んだときには、どんな風が、どのように吹くのかはわからない。ただ漠然と「風が吹く。」という表現だけを心にとめおくか、手前勝手に適当に場面を想い描くだけである。しかし、「風がヒュウヒュウ吹く。」という文からは、もっと具体的なイメージを思い浮かべることができる。たとえば台風の接近で激しく木々を揺さぶる風や、落葉を舞い上がらせる木枯しなどを容易に思い浮かべることができるだろう。また、「風が強く吹く。」という文からは、少なくとも煙突から煙がまっすぐに立ち登ったままの光景や、垂れ下がったままの鯉のぼりを思い浮かべることはめったにないだろう。さらに、「かわいた風が吹く。」という文からは、砂漠の上を吹く風を想い描いても、梅雨の雨の日を想い描くことはまずないだろう。

さらに、修飾語は、単に被修飾語の意味を限定したり、より具体的なイメージを思い浮かべさせるだけでなく、なんらかの情動を喚起させることもある。とくに、擬音語・擬態語は、他の修飾語と比べてそのはたらきが大きいと思われる。たとえば、「風がヒュウヒュウ吹く。」という文からは、不安や寂しさが感じられるだろう。

◐修飾語の記憶効果を調べる

では、修飾語を含む文は、それらを含まない文と比べて、実際に記憶したり、想起したりしやすいのだろうか。われわれは無理に覚えようとしなくても一度見聞きした文や事象を覚えていることがあるが、そのような偶発記憶に修飾語はどのような役割を果たしているのだろうか。また、擬音語・擬態語はそのときに他の修飾語とは違ったはたらきをするのだろうか。このような問題を調べるために簡単な実験をおこなった。

修飾語の有無によって想起に違いがあるかどうかを調べるためには、修飾語を含んでいるかいないかという点だけが異なる同一の文についての記憶を比較すればよい。そこで次のような四つの条件に当てはまる文を各条件40ずつ用意した。いずれも、「名詞＋助詞＋動詞」という形の単文であるが、修飾語の有無とその種類が異なっている。

A条件　修飾語を含まない条件（例、「風が吹く。」）

B条件　擬音語・擬態語を動詞の前に挿入した条件（例、「風がヒュウヒュウ吹く。」）
C条件　副詞または形容動詞を動詞の前に挿入した条件（例、「風が強く吹く。」）
D条件　形容詞、形容詞相当語句または、「名詞＋助詞」を名詞の前に挿入した条件（例、「かわいた風が吹く。」）

A条件とB～D条件を比較することによって、修飾語の想起におよぼす効果をみることができる。また、修飾語として擬音語・擬態語を含んでいるB条件とその他の修飾語を含んでいるC、D条件とを比較することによって、擬音語・擬態語と他の修飾語が同じようなはたらきをもっているのか否かをみることができる。擬音語・擬態語は一般に副詞であると考えられているが、擬音語・擬態語以外の副詞と同じはたらきしかもたないのなら、修飾語として副詞を含むC条件と同じ結果が得られるはずである。さらに、C条件で挿入される語は、動詞の意味内容を限定するだけであるが、D条件で挿入される語は、名詞の意味内容を限定したり、新たな名詞句によって具体的な情報を文の意味に付け加えるものである。両条件とも挿入された修飾語によって、文の意味内容がより鮮明になるが、それらの語が何を限定しているかを考慮すると、C条件ではそれが動詞によってもたらされるといえるし、D条件ではそれ以外の情報、とくに名詞によってもたらされる情報によるといえる。したがって、C条件とD条件とを比較することによって、この違いが想起に影響するかどうかも調べることができる。

実験に協力してもらった大学生の被験者に、A～Dの各条件から10文ずつ、計40文を読んでもらったが、このとき、ひとりの被験者が実験中に読む文には同じ語（ただし、助詞は除く）があらわれないように文を選択した。この実験では、「覚えるように」といわれなくても一度読んだ文をどのくらい覚えているのか（偶発記憶という）を調べたかったので、被験者に、それぞれの文によって、どれほど生き生きした場面やイメージを思い浮かべることができるかを、1～7の数字で評定してもらった。このときの評定値は、生き生きしたイメージを思い浮かべやすいことと文を想起しやすいことや修飾語との関係を調べるのにも利用できる。

次に、評定のときに読んだ文を被験者がどのくらい覚えているかを調べた。評定の直後に、評定に用いられた文と、評定には用いられなかった新たな文（ダミー文と呼ぶ）を混ぜて印刷してある回答用紙を被験者に配った。そして、用紙に印刷されているそれぞれの文が、評定のときにあったと思われるときには○印を、なかったと思われるときには×印を記入してもらった（再認課題という）。

ダミー文は四つの実験条件に合うものを10文ずつ、計40文、テスト文と語が重複しないように、また、ダミー文内でも同じ語があらわれないように新たに作成した。さらに、時間がたつにつれて覚えているテスト文の数がどのように変わるかを調べるために、同様の再認課題だけを1週間後と、13週間後にもおこなった。これらの再認課題のダミー文も、そのつど新しくした。また、回答用紙に印刷した文の順序には規則性がないようにした。

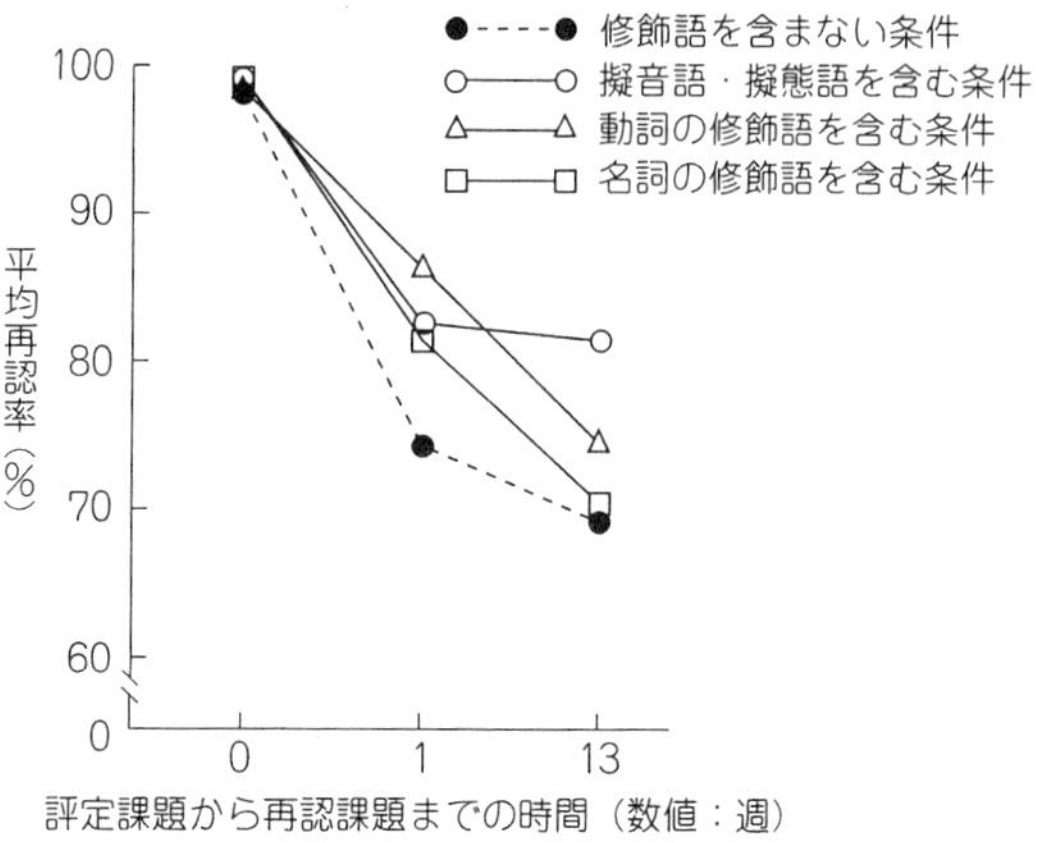

図4・1　再認課題の平均再認率

各被験者は、それぞれの実験条件から10文ずつ、計40文のイメージを評定した。その後行った3回の再認課題別に、評定時にあった文であると回答された文の数を各被験者の条件別に数えた（正当数と呼ぶ）。そして、48名分の正当数をもとに、平均してどれだけの率で文が正しく再認されているか（平均再認率と呼ぶ）を算出した。

再認課題の結果を図4・1に示す。どの条件でも、評定から再認課題をおこなうまでの時間間隔が長くなるにつれて、文の再認率は低下している。しかし、再認率が低下するパタンは条件によって異なっていることがわかる[注1]。この実験に使用した単文の長さは短く、文の数もそれほど多くない。そのため課題が容易で、イメージの評定をおこなった直後の再認課題では、どの条件の再認率も100%に近い。ほとんどすべてのテスト文が正しく再認されたことになり、条件差はみられなかった。しかし、修飾語などの余分な語を含まないA条件では、急速に再認率が低下し、1週間後ですでに13週間後とほぼ同じ率になった。次に、動詞の修飾語を含むC条件と、名詞の修飾語を含むD条件では、再認率は徐々に低下し、13週間後でA条件とほとんど同じになった。ところが、B条件の擬音語・擬態語は、C条件と同じように動詞を修飾しているが、B条件の1週間後の再認率は、C条件やD条件と同程度低下したものの、13週間後の再認率は、1週間後の再認率とほぼ同じで、他の条件のような低下はみられなかった。

次に、イメージ評定の結果であるが、各実験条件の文の平均評定値を算出したところ、A、B、C、D条件の順に、4・4、4・8、4・3、4・3であった。擬音語・擬態語を含むB条件の平均評定値は他の3条件より高く、擬音語・擬態語を含む文が、修飾語を含まない文や、ふつうの副詞、形容詞などの修飾語を含む文より生き生きしたイメージや場面を思い浮かべることができることを示している[注2]。

擬音語・擬態語を含むB条件では13週間後の再認率が他の条件より高く、生き生きしたイメージの評定値も高い。そこで、生き生きした場面を思い浮かべやすい文は再認されやすいと推察できる。この点を調べるために、各テスト文ごとのイメージの平均評定値と再認率の相関係数を算出した。どの条件でもイメージの評定値と再認率との相関は、13週間後の方が1週間後より高く、再認までの時間間隔が長いと、生き生きしたイメージを喚起しやすい文が再認されやすいことがうかがえた[注3]。

しかし、13週間後の相関係数は0・13~0・38とそれほど高くはない。このことから、生き生きとしたイメージや場面を思い浮かべやすいということだけでは文の再認されやすさを説明することができないといえる。

◐擬音語・擬態語と記憶表象

修飾語は、その語によって修飾される語が文中になければ実際的な意味をもたない。つまり、それ自体で文の意味的な核を形成するような語ではない。修飾語は、それらが修飾する語の意味内容を限定し、想定することによって、文の表象をより緻密に、鮮明に、あるいは豊かにするはたらきをもっているといえる。実験の結果、修飾語を含んでいない条件（A条件）では文の再認率は急速に低下するが、修飾語を含んでいる条件（B、C、D条件）では徐々に低下することがわかった。このことは、文を読んだときに形成される文の表象が修飾語の有無によって異なることを示している。あるいは、文を再認する過程で修飾語がある種の手がかりとしてはたらくことを示しているともいえる。

このように、修飾語は、それを含む文を長く保持するのに積極的な役割を果たしているといえる。しかし、修飾語がどのように被修飾語の意味を限定、想定するかは、それらの語の意味関係によってさまざまである。修飾のしかたが異なれば、文の記憶表象も異なるであろうし、文を再認する過程も異なるであろう。この実験では、動詞を修飾する語を含む条件（C条件）と名詞を修飾する語や新たな名詞句を含む条件（D条件）を設け、動詞の意味内容が状態や程度をあらわす語で限定されることによって文の意味内容が鮮明になる場合と、その他の情報による場合とでは文の再認され方が異なるかどうかも調べている。その結果、時間とともに変化する再認率は二つの条件で同様のパタンを示しており、両者の違いを検出することはできなかった。

ところが、B条件の擬音語・擬態語はC条件と同様に動詞を修飾するように挿入されたが、二つの条件で異なる再認率のパタンが得られた。先に述べたように、B条件の再認率は1週間後ではC、D条件とほぼ同じであるが、13週間後ではそれら2条件のような再認率の低下がみられなかったのである。このことは、擬音語・擬態語がそれ以外の修飾語以上に、長期にわたって文の再認に積極的な役割を果たしていることを示している。

では、擬音語・擬態語は文を記憶したり、再認したりするときに、具体的にどのようなはたらきをするのだろうか。いまのところ、それらを詳しく論じるためのデータが得られていないので、以下に述べることは憶測の域を出ないが、筆者の考えを簡単に述べてみる。

❍再認手がかりとしての擬音語・擬態語

まず、前にも少し述べたが、修飾語はそれを含む文を見聞したときにつくられる記憶表象を緻密に、鮮明に、あるいは豊かにするだろう。また、より具体的な文のイメージを思い浮かべる助けとなるだろう。そして、その文の表象は長く記憶内にとめおかれることになるだろう。また、修飾語は文を再認するときの手がかりにもなるだろう。このとき、修飾語は、直接文を想起する手がかりとなるだけでなく、その文をとりまく文脈をまず想起させ、その文脈から文が想起されることもあると思われる。

ところで、擬音語・擬態語は、それ以外の語よりもわれわれの感覚や心情に響き、情動を喚起させる語であるといえる。たとえば、「なめくじのヌメヌメしたところが大嫌いだ。」の「ヌメヌメ」からは、なめくじの見た目にやわらかく、濡れた感じや、触ったときの手の感触などを同時に感じることができる。このように、擬音語・擬態語は異種の感覚を同時に、あるいは異種の感覚を複合した感じをわれわれに与えるのである。さらに、「ヌメヌメ」からはなんとも気持ち悪いという嫌悪感をいだくこともある。すなわち、擬音語・擬態語は単にわれわれの感覚を呼びさますだけでなく、われわれの心情をも揺り動かすことができるのである。

擬音語・擬態語から得られた感覚や心情の情報は、その文の記憶表象、あるいはその文の文脈の表象に取り込まれるであろう。そして、それらの分だけ他の修飾語を含む場合より文の記憶表象は豊かになり、記憶内に長期に貯蔵されることになるだろうし、文を再認するときの手がかりにもなりやすいと思われる。福田他（1987）は擬音語を含む文より擬態語を含む文の方が再認率が高いことを報告している。擬音語は物理的な音との結びつきが強い。擬態語もその音声から受ける感じから全く独立しているとは言い難いが、擬音語と比べると、語とその語が指示しているものとの関係がより恣意的であり、それだけに同時にいくつかの、あるいは、それらが複合した感覚や心情を表現できるといえる。このことが再認率の高さとなってあらわれたと思われる。ただ、この実験の場合、擬音語・擬態語はカタカナで表記されており、他の語とは異なった感じを被験者にいだかせることになった可能性がある。その奇異性の情報が記憶表象に付け加えられ、そのためにその文は長期にわたって記憶内に貯蔵され、再認の際の手がかりになった可能性もある。しかし、福田・苧阪（1993）は、同じような材料を用いて、テープレコーダーから再生された文を聞いて、被験者に評定や再認の課題をしてもらい、擬音語・擬態語を含む条件の3カ月後の再認率が他の条件よりもよかった結果を報告している。このことから、擬音語・擬態語のもつ示差性が、単に表記の問題ではないことがわかる。

擬音語・擬態語が文を理解したり、記憶したりするときにどのようなはたらきをしているかを明らかにするためには、さらに実証的に検討していく必要がある。そのためには、われわれが文を見聞きしたときに、その文を構成している語の辞書的な意味から得られる文の意味だけでなく、そのときに何を思い浮かべ、何を感じるのかということを扱わなければならない。これらのことは言語で表現すること自体がむずかしく、また、人によって、場面によって微妙に変化する要素をもっているだけに、どのように研究を進めればよいかはまだ暗中模索の状態にある。しかし、われわれが日常文をどのように理解し、記憶しているのか、そのメカニズムを明らかにするためにも、さらに研究を進めることは重要である。

5章 擬音語・擬態語のイメージ喚起力と再生記憶

古代ギリシアの時代から記憶を向上させるために工夫されてきた記憶術（mnemonic device）には、イメージを利用したものが少なくない。たとえば、場所法（method of loci）と呼ばれる方法では、覚えるべき事物を自分のよく知っている場所にイメージを使って結びつける。また、イメージ化法（imagery）では、いくつかの覚えるべき事物同士をできるだけ奇抜で特異なイメージによって結びつける（Yates, 1966）。

しかしながら、記憶に与えるイメージの効果について厳密な実験のもとで検討されるようになったのは、1970年代以降のことである（清水、1987を参照）。たとえば、イメージ化法の効果について調べた研究では、「ピアノ」と「葉巻」のような項目同士を結びつけてペアとして覚える際には、一つひとつの項目のイメージを別々に無関連なものとして形成しても記憶成績が向上することはなく、「ピアノの上に置かれた葉巻」などのように、項目同士を相互に関連づけたイメージの形成が必要であることが明らかにされている（たとえばWollen, Weber, & Lowry, 1972)。このように、ペアの記憶にとって相互関連的なイメージによる結合が重要であるという知見は、項目間の連想関係を見つけて、意味のとおる物語や文章をつくる連想法ないしは物語法が記憶成績を向上させるという結果とも一致している（たとえばBower & Clark, 1969／高橋、１９８７)。

❍擬音語・擬態語のイメージ喚起力

ところで、日本語に多く認められる擬音語・擬態語は、４章でも述べられているように、そのイメージ喚起度がきわめて高いと考えられている（苧阪、１９８６)。そのため、たとえば、商品名などを覚えさせるための広告などでも、擬音語・擬態語がしばしば利用されている（安本、１９８０を参照)。これは、記憶におよぼすイメージの促進効果を実際的に応用したものと考えることができる。

しかしながら、このような擬音語・擬態語が本当にイメージを喚起するのか、あるいはまた、喚起されたイメージが記憶に有効であるのかどうかについて調べた研究は、これまでのところない。４章では、文を使って再認記憶について調べたところ、擬音語・擬態語が再認記憶を促進することが明らかとなった。ここでは、擬音語・擬態語が再生と呼ばれる記憶にどのような効果をおよぼすのかを単語を使った実験によって調べた。苧阪（１９８６）は、多数の擬音語・擬態語を大学生に与え、それから連想されることばを調べることによって、擬音語・擬態語の連想基準表を作成している（巻末付録参照)。先に述べたイメージと記憶の研究結果から考えると、このような擬音語・擬態語から連想された名詞と、もとの擬音語・擬態語を対にしたペア(アオアオ‐葉など)の場合、相互関連的なイメージが喚起されやすいので、そのようなイメージが喚起されにくいようにランダムに対にされた無関連なペア(コソコソ‐葉など)よりも、記憶成績が良くなると予測される。この予測を二つの実験によって確かめてみた。

ここで注意しなければならないのは、上に述べた予測とは逆に、相互関連ペアよりも無関連ペアの記憶の方が良くなる可能性もあるということである。なぜなら、連想関係の弱いペアでは連想関係の強いペアのように自然なイメージの形成が困難で、そのため奇異な(bizarre)イメージを形成しなければならないからである。たとえば、「アオアオ‐葉」の場合、「葉がアオアオと繋った」などのようすが自然とイメージされるのに対して、「コソコソ‐葉」の場合には、項目同士をイメージによって関連づけようとすれば、「葉がコソコソ逃げ隠れする」というような奇異なイメージを形成しなければならない。先に述べたイメージ化法では、利用するイメージはできるだけ奇抜で特異なものが効果的であるとされている。実際、このようなイメージの奇異性が記憶に有効であるという実験結果が、(被験者が項目を覚えなければならないという明確な意図をもっている)意図(intentional)学習を用いたアンドレフとヤーメイ(Andreoff & Yarmey, 1976)などの研究で得られている。しかし、日常場面の多くでは、このような学習意図をもって記憶術を使わなければならないことはまれで、むしろ、偶発的に身の回りの出来事を記憶していることの方が多い。

そこで、ナッペとウォレン（Nappe & Wollen, 1973）は、4章と同様、被験者が記憶テストだということに気づかないようにして偶発的に項目を覚えさせ、予告なしの記憶テストをおこなって、奇異なイメージの効果について検討した。その結果、このような偶発（incidental）学習のもとでは、奇異なイメージは記憶保持に対して有効な効果をもたらさなかった。

したがって、相互関連ペアよりも無関連ペアの方が記憶成績が良くなるというイメージの奇異性の効果は、用いられる学習方法によって異なると考えられる。そこで、ここでは、先に述べた予測を検討する際に、4章で使われた偶発学習に加え、意図学習も使い、二つの学習方法を比較することにした。

さらにまた、これまでの相互関連イメージの研究では、ふつうの単語ペアを使って研究されることが多かったので、連想語と名詞のペアについても、相互関連ペア（落ちる-葉など）と無関連ペア（逃げる-葉など）を作成し、同様の検討をおこない、擬音語・擬態語において得られた結果と比較した。

❍相互関連ペアと無関連ペアの比較——第一の実験

実験に用いた刺激語の種類としては、擬音語・擬態語と連想語の2種類を設けた。それぞれ、連想関係の強さにもとづいて、相互関連ペアと無関連ペアの2種類のペアを作成した。さらに、偶発学習と意図学習の2種類の学習方法を設けた。

被験者は女子短期大学生168名で、上記の8つの条件にランダムに割り当てた。

材料とした擬音語・擬態語を刺激語とするペアと、連想語を刺激語とするペアの例を表5・1、2に示した。いずれも、苧阪（1986）と梅本（1969）から共通する語を選択した。次に、反応語はそのままで、これらの刺激語を特別な連想が起こらないように入れ替えて、それぞれ、擬音語・

表5・1　擬音語・擬態語のペアの例

刺激語			反応語
相互関連	無関連（実験Ⅰ）	無関連（実験Ⅱ）	
アオアオ	コソコソ	アツアツ	葉
ガリガリ	フカフカ	ガクガク	勉強
ポロポロ	グビグビ	ポクポク	涙
ギイギイ	クシャクシャ	ギラギラ	ドア
ドブドブ	ゴツゴツ	ドガドガ	どぶ
ユサユサ	クネクネ	ユラユラ	木
バラバラ	チョコチョコ	バサバサ	殺人
ボウボウ	ウラウラ	ボテボテ	火事

表5・2　連想語のペアの例

刺激語			反応語
相互関連	無関連（実験Ⅰ）	無関連（実験Ⅱ）	
落ちる	逃げる	降りる	葉
学生	並木	関係	勉強
悲しい	破る	軽い	涙
押す	飲む	送る	ドア
はまる	足	光る	どぶ
材料	寝床	事業	木
殺す	遊ぶ	騒ぐ	殺人
災難	季節	賛成	火事

擬態語と連想語ごとに、無関連ペアを作成した。

実験は集団でおこなった。被験者の記銘方略のあいだに著しい違いが生じないように、各ペアの意味的な関連性の強さを5段階（1が非常に弱い、5が非常に強い）で評定させた。20ペアを評定する時間と学習時間は合計、2分間である。意図学習条件の被験者は評定しながら記銘するように教示し、偶発学習条件の被験者は評定するようにという教示だけを与え、記憶テストについてなにも言及しなかった。一般に、単語のペアの記憶を調べる際には、4章で使われた再認テストではなく、再生と呼ばれるテストが使われることが多い。そこで、評定（すなわち記銘）後、順番に関係なくできるだけ多くのペアを思い出すよう求めた（自由再生）。続いて、各ペアの刺激語（擬音語・擬態語か連想語）を印刷した用紙を配布して、これらの刺激語を手がかりとして、ペアのもう一方の反応語である名詞を思い出すよう求めた（手がかり再生）。なお、いずれのテストも時間制限はしなかった。

結果をまとめるにあたっては、各ペアのどちらの項目も正しく再生され、かつ、ペアとして正しい組合せのものだけを正再生ペアとして分析した。それぞれの条件ごとの結果が、図5・1〜4に示してある。

その結果[注1]、自由再生でも手がかり再生でも、擬音語・擬態語条件よりも連想語条件の方が、無関連条件よりも相互関連条件の方が、また、偶発学習条件よりも意図学習条件の方が、それぞれ統計的に有意に正再生ペア数の多いことが明らかとなった[注2]。また、自由再生の場合（図5・1、図5・2）、無関連条件と相互関連条件の正再生ペア数の差が、偶発学習条件よりも意図学習条件にお

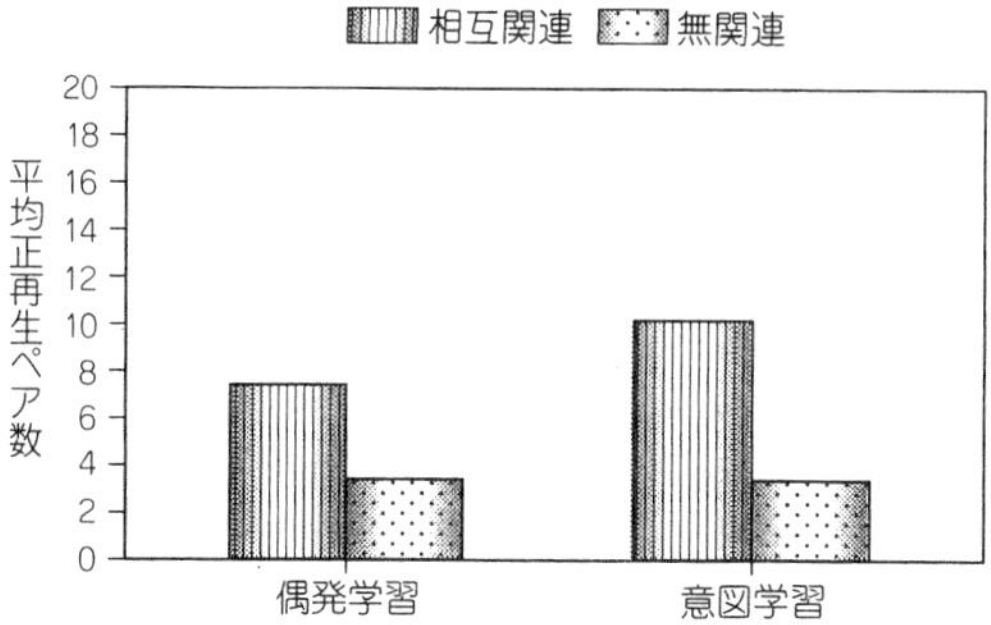

図５・１　擬音語・擬態語における条件別の平均正再生ペア数（自由再生）

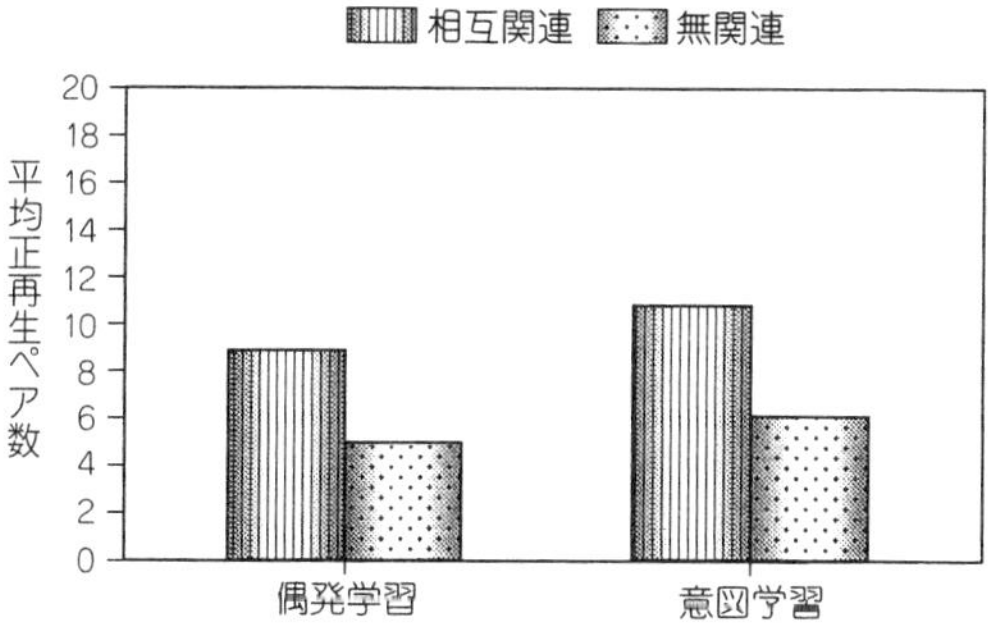

図５・２　連想語における条件別の平均正再生ペア数（自由再生）

いて、より大きかった[注3]。また、手がかり再生の場合（図5・3、図5・4）、擬音語・擬態語条件と連想語条件の正再生ペア数の差が、相互関連条件よりも無関連条件において、より大きかった[注4]。

このように、いずれの再生テストにおいても、相互関連的なイメージの喚起されやすい相互関連ペアの方が、奇異なイメージの形成を必要とする無関連ペアよりも、再生がよかった。

相互関連的なイメージが記憶保持に有効であるというこの結果は、画像の記憶について検討したリッチイら（Ritchey, 1980: Ritchey & Beal, 1980）のいう項目間（inter-item）処理という観点から説明できる。すなわち、相互関連的なイメージを喚起する相互関連ペアは、ペアの連合に必要な情報の符号化を促進させる。そして、このようにして得られた情報は再生時の検索プランを発展させ、生成もしくは再構成を可能にする結果、その再生もよくなると解釈できる（高橋、１９９７ａも参照）。

次に、擬音語・擬態語のペアと連想語のペアの記憶成績を比較してみると、いずれの再生テストにおいても、擬音語・擬態語のペアよりも連想語のペアの再生の方がよい。この結果については、ペアの刺激語の弁別しやすさの違いから解釈できるかもしれない。すなわち、単語のペアの連合学習の実験を数多くおこなった森川（１９６５）によれば、刺激語は弁別的に、反応語は（自発的に再生可能な状態である）項目習得的に学習され、刺激語と反応語の連合が形成されるという。ここでの実験のように、刺激語として擬音語・擬態語が使われた場合、動詞、形容詞、名詞からなる連想語が使われた場合よりも刺激語同士の弁別がむずかしくなり、連想語のペアよりも擬音語・擬態語のペアの学習

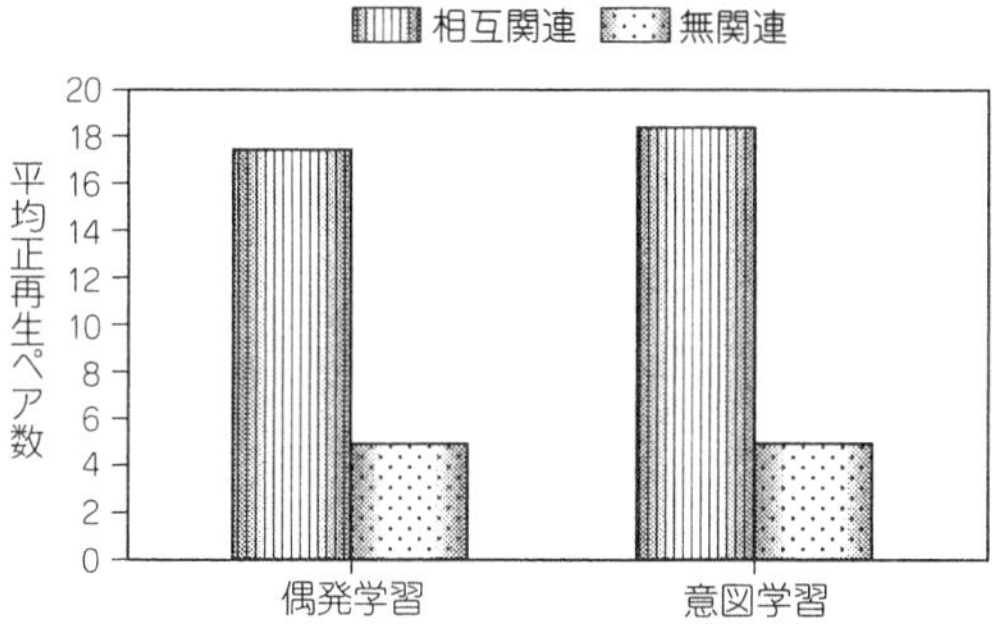

図5・3　擬音語・擬態語における条件別の平均正再生ペア数（手がかり再生）

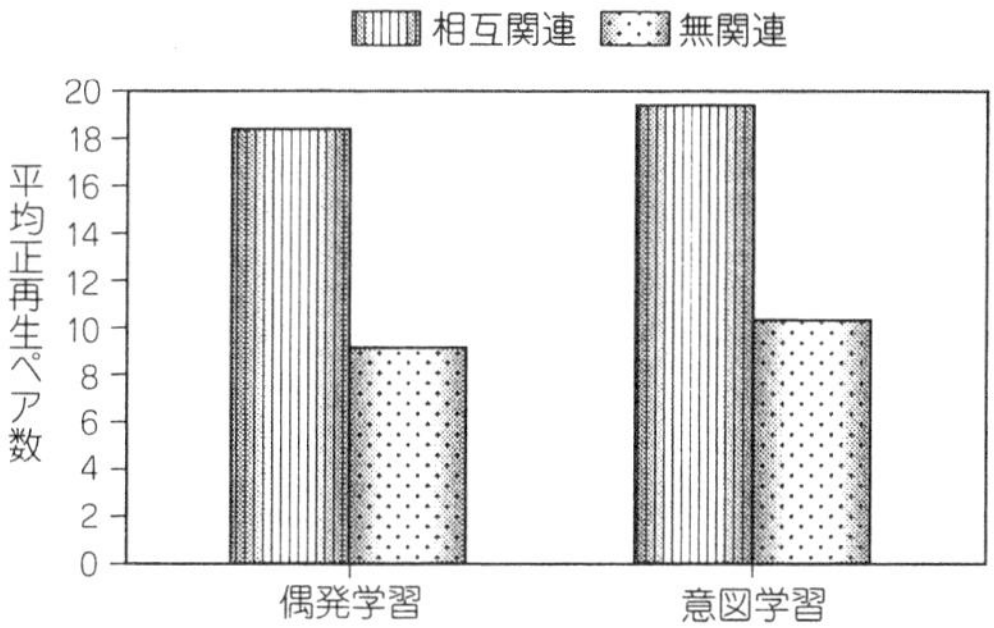

図5・4　連想語における条件別の平均正再生ペア数（手がかり再生）

の方が悪くなった可能性が考えられる。また、手がかり再生では、刺激語の種類と連想関係の強さの交互作用が認められた。すなわち、擬音語・擬態語条件と連想語条件の正再生数の差が、相互関連ペアではそれほど大きくないのに対し、無関連ペアにおいては、擬音語・擬態語ペアの再生数が連想語ペアの再生数よりもかなり悪いことを示している。これらのことから、記憶において、擬音語・擬態語による連合と連想語による連合の質の異なることが示唆される。

ところで、記憶保持におよぼすイメージの奇異性の効果については、現在のところ、対立する実験結果が数多くあり、必ずしも一致した見解が得られているとはいえない。このような不一致の理由の一つには、材料（リスト構造など）、教示、保持時間などが研究によってさまざまに異なっていることがあげられる（Einstein & McDaniel, 1987）。とくにアインシュタインとマクダニエル（Einstein & McDaniel, 1987）は、（項目間の連想関係の弱い）無関連ペアと（連想関係の強い）相互関連ペアが被験者間で操作されるときには、奇異性の効果が認められないのに対し、これらのペアが被験者内で操作され、一人の被験者が無関連ペアと相互関連ペアの両方を学習するときには奇異性の効果が認められることを明らかにしている。したがって、この実験では連想関係の強さ（奇異性）が被験者間で操作されたために、相互関連ペアよりも無関連ペアの方が良くなるという奇異性の効果が得られなかった可能性がある。

そこで、この点を調べるために、二番目の実験をおこない、ペアの連想関係の強さ（奇異性）を被験者内で操作し、また、保持時間の要因として、この実験でおこなったような直後再生だけではなく、時間をおいた遅延再生も求めることにした。

◯奇異性の効果――第二の実験

初めの実験と同様に、擬音語・擬態語と連想語について、相互関連ペアと無関連ペアの2種類のペアをそれぞれ作成し、さらに、学習直後だけではなく、45分の遅延後にも再生テストをおこなうことによって、2種類の保持時間を設けた。

被験者は女子短期大学生64名で、擬音語・擬態語のペアを学習する群と、連想語のペアを学習する群にランダムに割り当てた。

初めの実験と同様の相互関連ペア、相互関連ペアを用いた。そして、相互関連ペア、無関連ペアをそれぞれ半数ずつ（10ペア）に分け、これらの相互関連ペアと無関連ペアを組み合わせて、ブロックにされた相互関連ペア（10ペア）と無関連ペア（10ペア）の両方からなる学習リストを2種類作成した。

最初の実験と異なる点は、(1) 一人の被験者が無関連ペア（10ペア）と相互関連ペア（10ペア）の両方を学習したこと、(2) 全員にペアを評定しながら記銘するように教示を与えた（つまり意図学習を求めた）こと、(3) 書記による自由再生だけを、学習直後と約45分後に、どちらも約3分間の制限時間を設けておこなったことである。

初めの実験と同様の分析をもとにした正再生ペア数について、図5・5に擬音語・擬態語の結果を、図5・6に連想語の結果を示した。

その結果[注5]、擬音語・擬態語（図5・5）では、無関連ペアよりも相互関連ペアの方が、また、45分後よりも直後の方が、それぞれ有意に再生数が多かった[注6]。これに対して、連想語（図5・6）では、相互関連ペアと無関連ペアの再生数の間には有意差が認められず、しかも、遅延をおいても、両者の再生数には低下が認められなかった[注7]。

初めの実験とは異なり、この実験では、擬音語・擬態語のペアと連想語のペアの再生数の間に有意差が認められなかった。初めの実験では、この2種類のペアの再生数の間に認められた有意差などをもとに、記憶において、擬音語・擬態語による連合と連想語による連合の質の異なることを示唆した。今回の実験では、使われた方法が異なるためとも考えられるが、むしろ、次に述べるような二つの結果から、最初の実験での主張を裏づけていると考えられる。

すなわち、第一に、リスト内で連想関係の強さ（奇異性）を操作した今回の実験でも、擬音語・擬態語の場合には、無関連ペアよりも相互関連ペアの方が再生がよかったのに対して、連想語の場合、最初の実験とは異なり、無関連ペアと相互関連ペアの再生数の間に有意差が認められなかった。

第二に、擬音語・擬態語の再生数が時間の経過とともに減少したのに対して、連想語の再生数は少なくとも45分程度の遅延では減少が認められなかった。

第一の結果からは、擬音語・擬態語の場合、適切なペアがあまりにも限定されているので、無関連

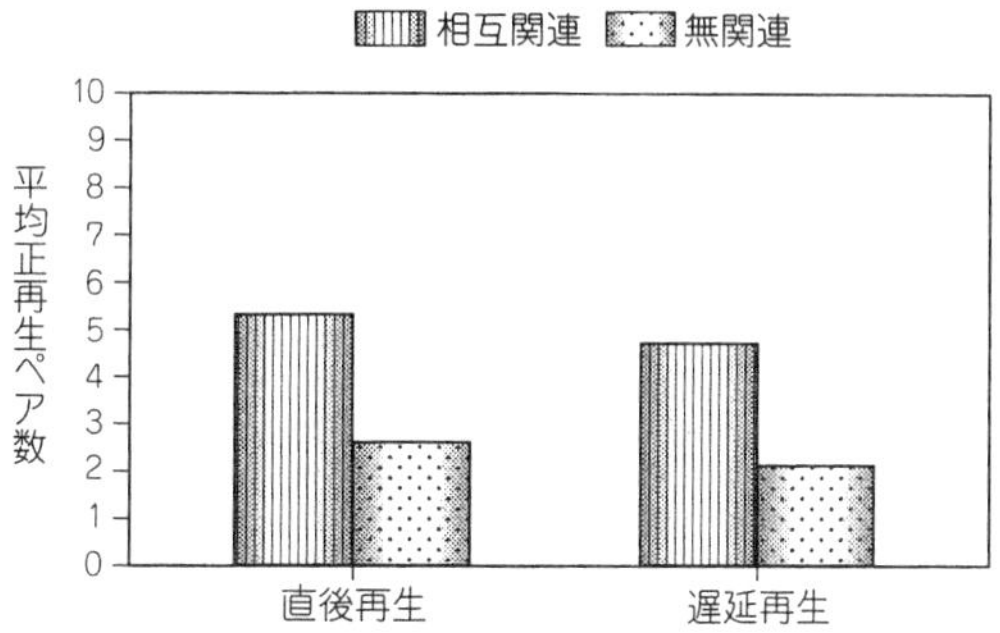

図5・5　擬音語・擬態語における条件別の平均正再生ペア数（自由再生）

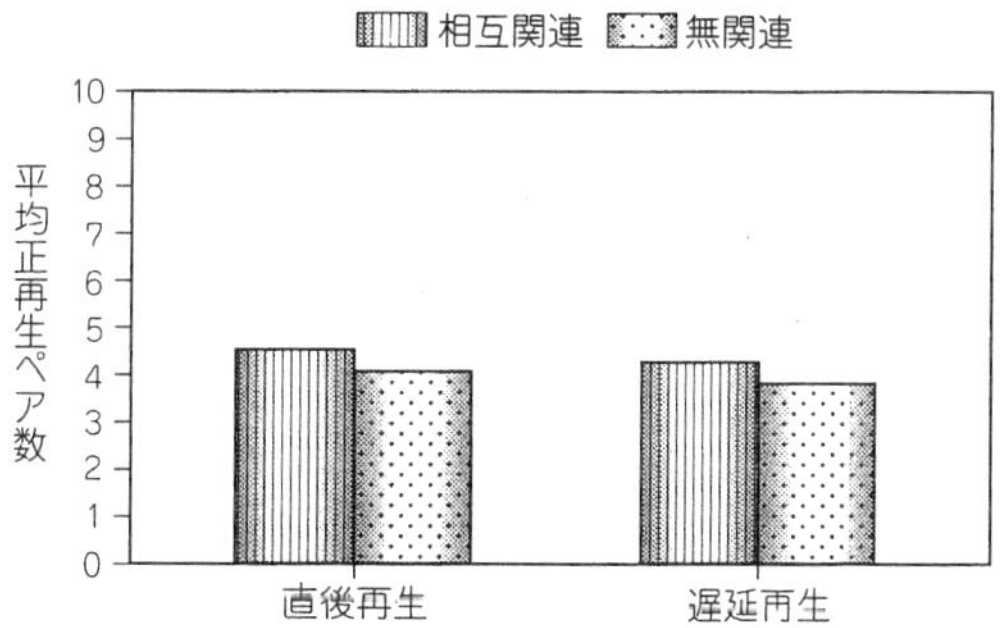

図5・6　連想語における条件別の平均正再生ペア数（自由再生）

ペアを統合して一つの概念的単位に加工することができないと考えられる。これに対して、連想語の場合には、従来の奇異性効果の実験結果から考えて、たとえ無関連ペアであっても、被験者がそれらを一つの概念的単位に統合することができたと思われる。第二の結果からは、擬音語・擬態語の記憶痕跡の耐久性や耐干渉性が連想語よりも弱いことが考えられる。

このように、これらの結果は、いずれも、擬音語・擬態語による連合が連想語による連合の質と異なっていることを示唆していると思われるのである。

4章でも述べられたように、擬音語・擬態語はわれわれの情動をゆり動かす。このような点で、連想語とは異なっているのかもしれない。情動と記憶の関係については、現在、さまざまな角度から検討がおこなわれている（高橋、1997b、1998）。そのような流れのなかで、擬音語・擬態語を使った記憶研究は、これまでにない新しい角度からの研究アプローチとして、意義のあるものと思われる。

6章

擬音語・擬態語とプライミング効果

ソシュールが指摘したように、一般に言語における音と意味との関係は恣意的である。つまり、言語とは記号あるいはシンボルの体系なのである。

ところが、いわゆる擬音語・擬態語においては、その音と意味との間にある程度合理的な結びつきがある（金田一、1982）。それゆえ、たとえばニワトリの鳴き声の描写には世界の諸言語間で共通性がみられるのであろう（11章、言語間比較参照）。

ところで、擬音語と擬態語とは一括して扱われることが多いが、両者にはなんらかの違いもあるのではないだろうか。遠藤（1983）によれば、擬音語とは耳に聞こえてきた音や声を、頭を通過させて口にしたものであり、擬態語とは、目に見えた形や動きを頭で音像に変換して口にしたものであると定義されている。つまり、擬音語は聴覚モードと、擬態語は視覚モードと、それぞれ強く関連しているといえるだろう。

たとえば、「ノッシノッシ」という擬態語について考えてみよう。この語は、身体の大きな動物がゆっくりと地面を踏みしめて歩くようすをあらわす。したがって、この語からはふつう、ゾウなどが歩く姿が思い浮かぶのではないだろうか。言い換えれば、ノッシノッシはゾウの視覚イメージを喚起するといえるだろう。もちろんノッシノッシから、「ゾウ」ということば自体も連想されるだろうが、視覚イメージの喚起力が強いということが擬態語の大きな特徴だと思われる。

これに対して、カエルの鳴き声などをあらわす「ケロケロ」という擬音語の場合はどうだろうか。この語がカエルのありありとした視覚イメージを喚起することもあるだろうが、その力は擬態語ほどではないだろう。むしろ、ケロケロという語が聴覚的、音響的なものである以上、「カエル」ということばそのものとの結びつきがより強いのではないだろうか。

●意味的プライミング効果

以上のことから、擬態語は言語的表象よりも、非言語的な視覚イメージをより強く喚起させ、反対に擬音語は、視覚イメージよりも言語的表象をより強く喚起させると予想される。そこで、このような予想を確かめるために、意味的プライミング効果（semantic priming effect）の測定をおこなうこととした。

意味的プライミング効果とは、先行情報（以後「プライム」と呼ぶ）の処理が、意味的に関連する

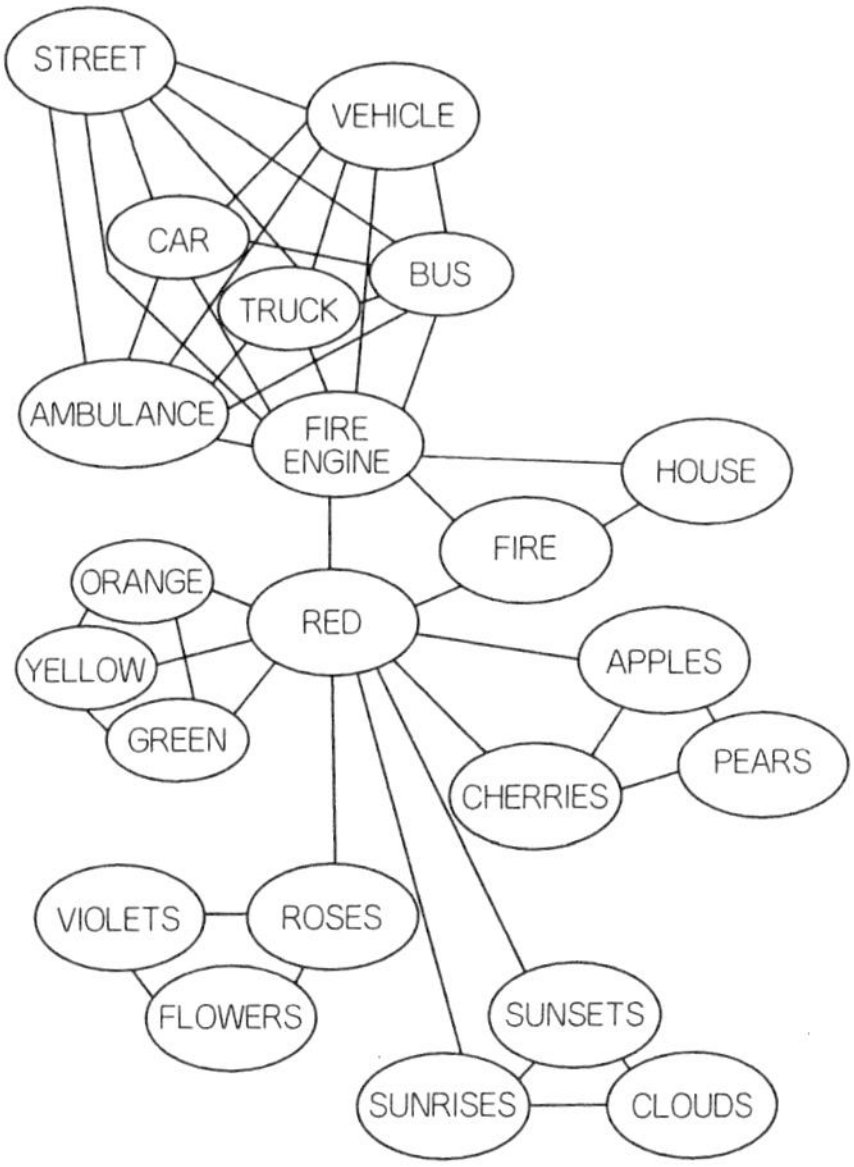

図6・1　活性化伝播理論における意味記憶表現
楕円は概念ノードを表し，それらを結ぶリンクは，短いほど意味的関係が強いことを示している（Collins & Loftus, 1975より）

後続情報（以後「ターゲット」と呼ぶ）の処理を助け、結果としてその処理時間を短縮すること、と定義される。たとえば、「パン」という語を見た直後に「バター」という語を処理する時間は、「パン」の後に「ツクエ」という語を呈示されたときよりも短くなる。これがプライミング効果であり、一種の文脈効果といえよう。

　プライミング効果の説明には通常、コリンズとロフタス（Collins & Loftus, 1975）の活性化伝播理論（spreading activation theory）が用いられる。この理論では、ネットワーク構造をなす意味記憶内のある概念ノードが活性化されると、概念ノード間を結ぶリンクを伝わって活性化が広がってゆき、意味的に近い概念ノードも活性化されると考える（図6・1参照）。

コリンズとロフタスの論文におけるもう一つの重要な仮定は、概念の名前が意味記憶とは別に存在する心的辞書（以後「レキシコン」と呼ぶ）内に貯蔵されているとするところである。たとえば「パン」という単語が呈示されたとき、レキシコン内に登録された「パン」がある閾値以上に活性化されて初めて認知（同定）がおこなわれる。レキシコン内の活性化は、意味記憶内の対応する概念ノードへ伝わり、さらにリンクを通じて関連する概念（たとえばバター）へ、そしてそこからレキシコン内に登録された「バター」などの語へと伝わる。したがって、続いて「バター」という単語が呈示されたときは、レキシコン内の「バター」はあらかじめ活性化されていた分だけ、認知に必要な活性化量が少なくてすむのである。

このような説明からすると、プライミング効果が生じるのは単語の入力段階ということになる。ただし、ラプカー（Lupker, 1984）やサイデンバーグら（Seidenberg, et al., 1984）の研究からは、それだけではなく、単語の認知（同定）が完了してからの段階でもプライミング効果が生じることがわかっている。この点については後でもう一度ふれることにしたい。

❍擬音語と擬態語におけるプライミング効果の違い

ところで、この意味的プライミング効果は、単語と単語との間だけではなく、単語と絵との間でもみられる（Sperber et al, 1979）。単語と絵の関係については、両者が共通の一つの概念システムにアクセスするという考え方（Nelson, 1979など）と、両者はそれぞれ言語システムと非言語システムとで別々に処理・貯蔵されるとする考え方（Paivio, 1986など）とがあるが、ここでは二つの考え方の折衷案ともいうべきスノッドグラス（Snodgrass, 1984）の三コード説について、簡単にふれておきたい。

このモデルでは、レキシコンに相当すると思われる音響的イメージストアと、事物のプロトタイプ的な形態情報が含まれる視覚的イメージストアと、これらの二つのストアからアクセスされる一つの命題的ストアとが仮定されている。これは現在のところ妥当性の高いモデルだと思われる。なお、線画等の事物の認知過程を総合的に考察したものとしては松川（1997）がある。

さて、ここでは、プライムとして擬音語と擬態語を用いて調べてみた。ターゲットには、プライムと関連または無関連な絵と単語とを用い、ターゲットに対する処理課題としては、現実性判断課題（reality decision task）、および命名課題（naming task）が用いられた。

現実性判断課題では、ターゲットとして文字列が呈示される場合と、線画が提示される場合とがある。文字列が提示された場合は、それが正しく綴られた単語であるか、または意味をもたない非単語であるかを判断し、線画が呈示された場合は、それが意味のある現実の具体物の線画か、全く意味のない非現実的な物の線画かを判断する。つまり、現実性判断課題は語彙判断課題と事物判断課題とからなっている。この課題の特徴として、ターゲットに線画と文字列とをランダム順に呈示するため、あらかじめターゲットの呈示モードに対する構えをもつことができないことも指摘しておきたい。

また、命名課題では、事物の線画と単語とがランダム順に呈示され、線画があらわすものの名前を答えたり、単語をそのまま読むことで反応する。命名課題を用いたのは、現実性判断課題でのプライミング効果の生じ方と違いがあるかどうか、比較検討するためである。

ここでは、次のような仮説を立ててみた。

「プライムとして擬音語を用いた場合、記憶表象の言語的成分を比較的強く活性化するため、線画よりも単語に対するプライミング効果が大きいであろう。これに対し、擬態語を用いた場合、記憶表象の視覚的、非言語的成分を比較的強く活性化するため、単語よりも線画に対するプライミング効果が大きいであろう」。

❍現実性判断課題におけるプライミング効果

まず現実性判断課題を用いた実験は、大学生、大学院生計16名を被験者に、パーソナルコンピュータを用いた個人実験で行なわれた。

刺激としての擬音語、擬態語は、苧阪（１９８６）と天沼（１９７３）を参考にしながら16ペアを選んだ（擬音語ペアについては図６・２、擬態語ペアについては図６・３参照）。

なお、これらのペアで用いられる線画刺激はスノッドグラスとヴァンダーワート（Snodgrass & Vanderwart, 1980）、吉川と乾（１９８６）から主に選び、不足分は新たに作成した。

これらのペアは、そのままプライム‐ターゲット関係における関連条件として用いた。そして、これらのペアの組合せを互いに入れ替えたものを無関連条件とした。

非単語は単語内の１文字を他の文字に入れ替えて作成し（例、ヘビ→ヘギ）、これらの単語、非単語はすべてカタカナ・横書きで呈示した。また非現実絵は現実性判断課題を最初に用いたクロールとポッター（Kroll & Potter, 1984）から用いた。

こうして選んだ刺激は、一試行において次のような時間経過で呈示された。まず、凝視点として「＋」記号があらかじめ呈示されている。次に、信号音で合図した後、プライムが７００ミリ秒呈示され、プライム消失直後（ＩＳＩ（刺激呈示時間間隔）は０秒）にターゲットが１５００ミリ秒呈示される。刺激呈示順序は被験者ごとにランダム化した。プライムも無視しないように見ておくこと、反応はできるだけ速くかつ正確におこなうようにと教示された被験者は、ターゲットに対し、右手の人さし指と中指でマウスのボタンを押すことにより反応した。練習（20試行）の後、本試行（１２８試行）をおこなった。

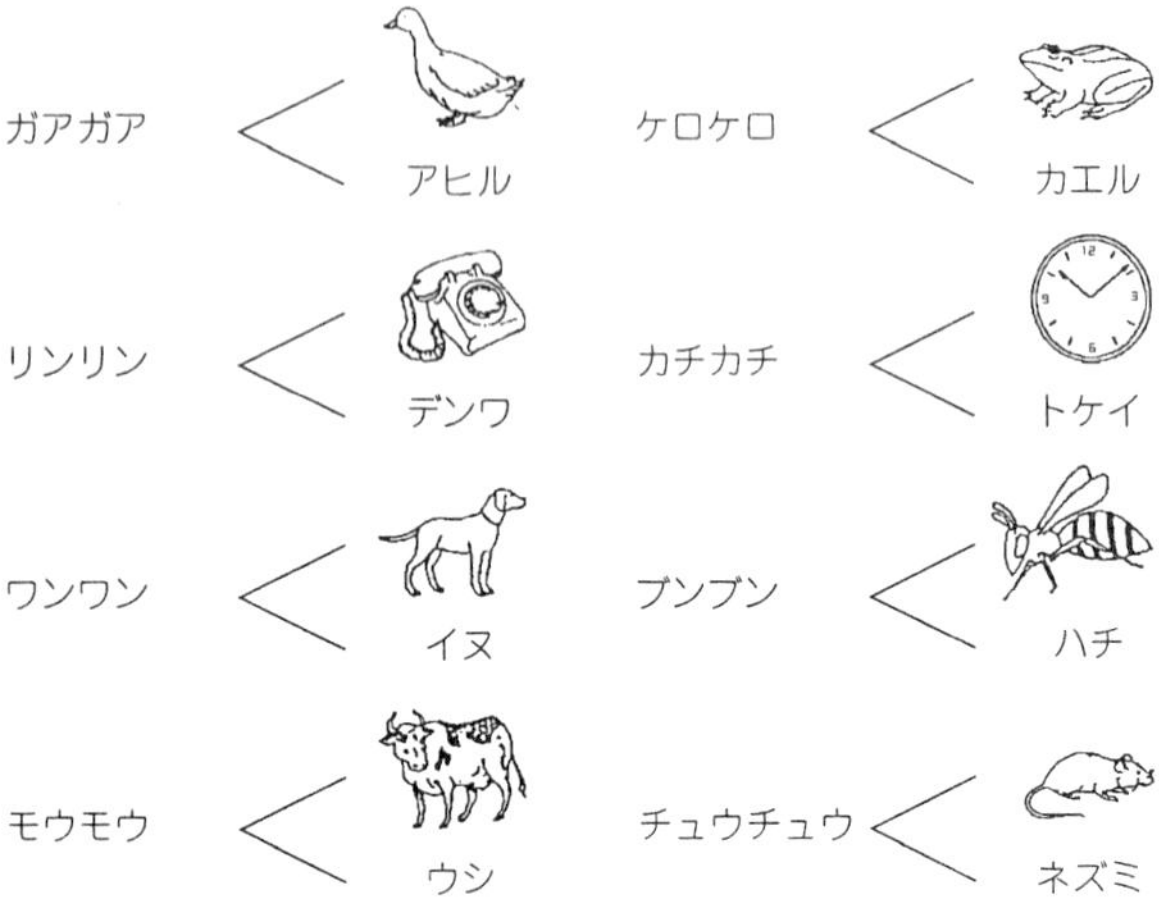

図6・2　擬音語ペア

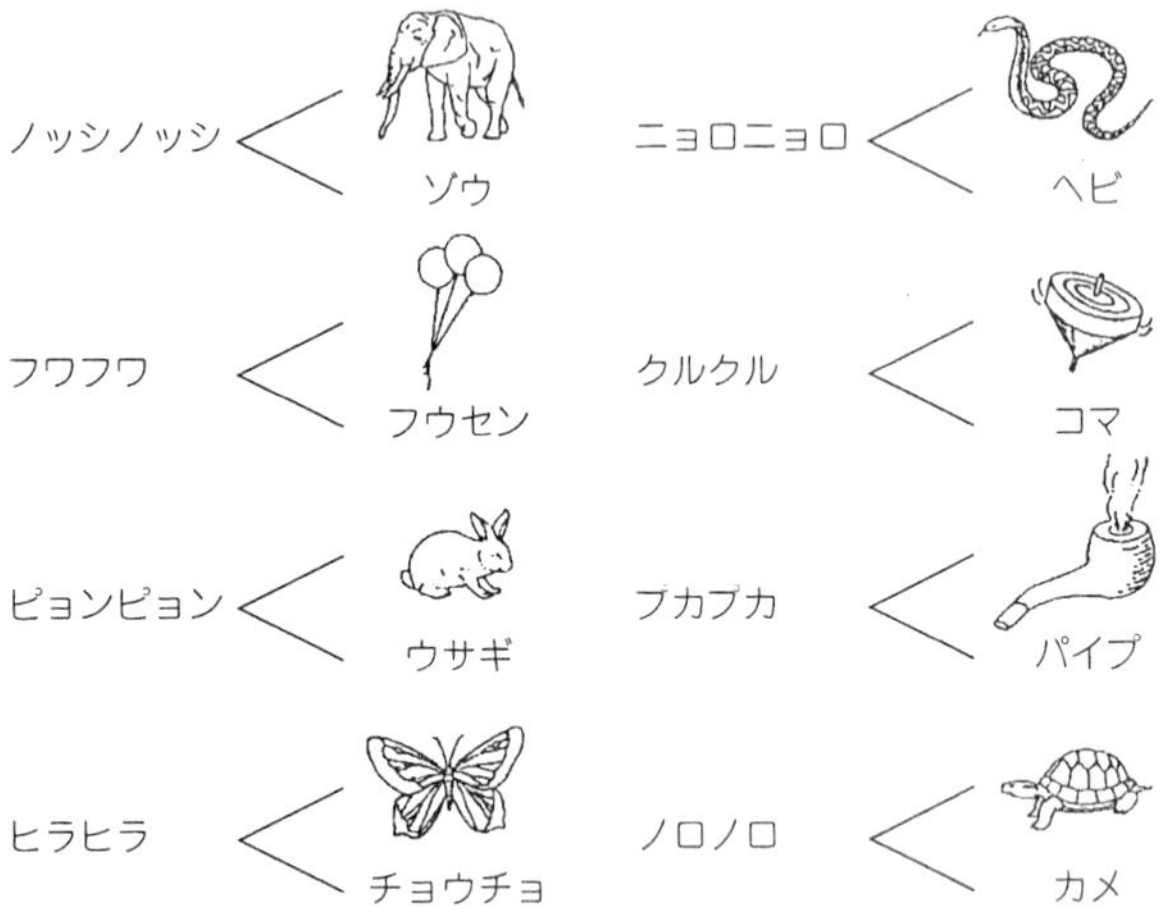

図6・3　擬態語ペア

表6・1　現実性判断課題における平均反応時間

擬音語プライム				擬態語プライム			
単語ターゲット		線画ターゲット		単語ターゲット		線画ターゲット	
関連	無関連	関連	無関連	関連	無関連	関連	無関連
593	691	588	636	653	703	624	687

（単位 ms）

実験計画は、プライム（P：擬音語、擬態語）×ターゲット（T：線画、単語）×プライム・ターゲット関係（R：関連、無関連）の被験者内3要因であった。

こうして得られた結果をみていこう。

表6・1の無関連条件から関連条件の反応時間を引いた時間（ミリ秒）をプライミング効果の大きさと考え、その大きさを各条件ごとに示したのが図6・4である。3要因の分散分析の結果、関連－無関連（R）条件間には有意な差が認められた。これはプライミング効果が生じたことを示している。線画－単語（T）条件間には有意差が認められなかった。これは線画と単語との反応時間に差がなかったことを示している。P（擬音語プライム、擬態語プライム）×R、T×Rの交互作用はともに有意ではなかった。これは擬音語プライムと擬態語プライムとのあいだでも、線画ターゲットと単語ターゲットとのあいだでも、プライミング効果の大きさに差がなかったことを示している。

しかし、ここでの仮説にとって重要なP×T×Rの3要因の交互作用は有意であった。そこでさらに、擬音語プライムの条件で、線画ターゲットと単語ターゲットとのあいだで検定をおこなったところ、有意差が認めら

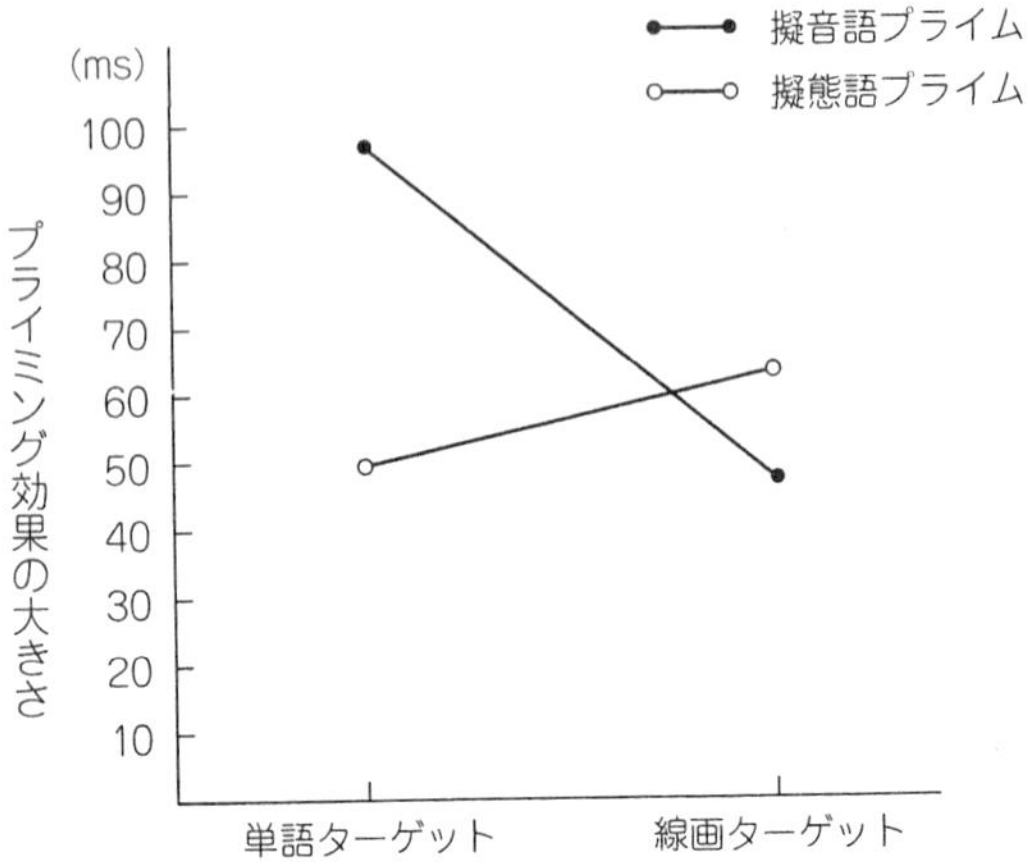

図6・4　現実性判断課題における結果

れた。だが、擬態語プライムの条件では両ターゲット間の差は有意ではなかった。

ここでの重要な結果をまとめると次のようになる。擬音語プライムは線画ターゲットよりも単語ターゲットに対し、より大きなプライミング効果をもたらし、擬態語プライムは単語ターゲットよりも線画ターゲットに対してより大きなプライミング効果をもたらした。ただし、擬態語プライムは単語ターゲットよりも線画ターゲットに対して13ミリ秒大きなプライミング効果をもたらしたものの、そのあいだに統計的な差は認められなかった。

以上のような結果は、おおむね当初の仮説に沿ったものであるといえる。擬音語プライムの場合、単語ターゲットに対するプライミング効果は線画ターゲットの約2倍の大きなプライミング効果を示した。このことは擬音語がそれと関連する

表6・2　命名課題における平均反応時間

擬音語プライム				擬態語プライム			
単語ターゲット		線画ターゲット		単語ターゲット		線画ターゲット	
関連	無関連	関連	無関連	関連	無関連	関連	無関連
523	559	589	680	554	558	602	653

（単位 ms）

ことばを特に強く喚起することを示唆する。これに対し、擬態語プライムは単語ターゲットより線画ターゲットを特に強く喚起するという結果はみられなかった。これは擬態語プライムが線画も単語も同等の強さで喚起したからかもしれないし、また線画ターゲットでみられるプライミング効果の大きさが天井効果のために頭打ちとなった可能性も考えられる。もちろん、被験者数もそれほど多くなかったため、統計的検定力が弱かったからかもしれない。この実験の結果だけをみればだいたい以上のような考察が可能であるが、他の解釈の可能性も探るため、次に異なる課題を用いてプライミング効果を調べてみた。

●命名課題におけるプライミング効果

ここではより多くの情報を得るために、命名課題（naming task）を用いて、プライミング効果の生じ方を調べてみた。この課題の被験者は大学生、大学院生計17名で、全員、先の現実性判断課題を用いた実験には参加していない。

また装置は、反応の方法として、指での反応のかわりにボイスキイ（音

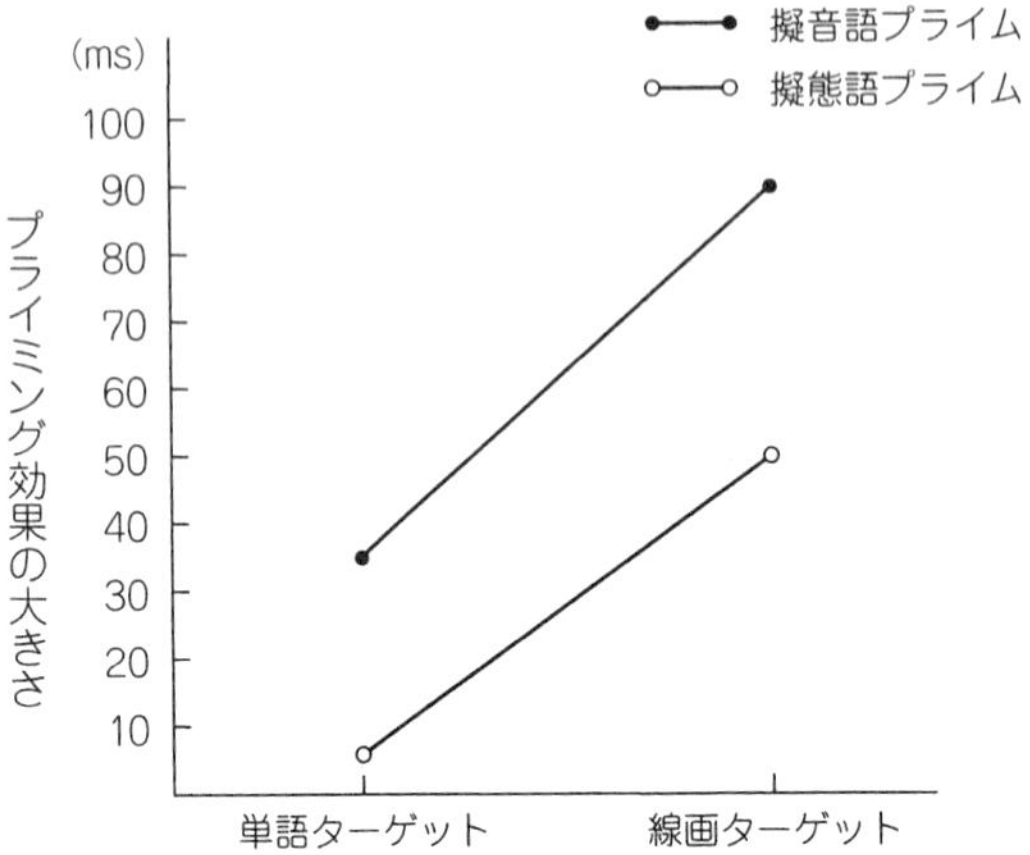

図6・5　命題課題における結果

声スイッチ）を用いた以外は先の実験と同じであり、刺激もまた先の実験と同じものを用いた。ただし、被験者の課題は、ターゲットに対しできるだけ早く命名することであった。さらに、プライム（P：擬音語、擬態語）×ターゲット（T：線画、単語）×プライム－ターゲット関係（R：関連、無関連）の被験者内3要因で調べたことも同様であった。

得られた結果は次のとおりである（表6・2、図6・5）。3要因の分散分析の結果、関連－無関連（R）条件間に有意差が認められた。これはプライミング効果が生じたことを示している。線画-単語（T）条件間にも有意差が認められた。これは線画の反応時間が単語より長かったことを示す。P（擬音語プライム、擬態語プライム）×R、T×Rの交互作用はともに有意であった。これは、擬音語プライムが擬態語プライムより大きなプライミング効果をもたらしたことと、単語ターゲットより線画ターゲットにおいてプライミング効果が大きかったことを示している。しかし、P×T×Rの3要因の交互作用は有意ではなかった。したがって、命名課題を用いた場合、仮説を支持する結果は得られなかったといえる。

❍課題の処理の深さとプライミング効果

ここで、これまでに得られた現実性判断課題と命名課題との結果をあわせて考察してみたい。最も顕著な違いは、現実性判断課題ではほぼ仮説どおりの結果が得られたが、命名課題では得られなかったということである。これは、用いる課題によって、プライミング効果の生じ方に違いがあるということを示唆している。

そこで、課題の性質について少し詳しく考えてみたい。

現実性判断課題はまだそれほど用いられていないので、その特性は必ずしも明確ではないが、この課題に含まれている語彙判断課題と、命名課題との比較はいくつかおこなわれている（Lupker, 1984; Seidenberg et al., 1984）。ラプカー（Lupker, 1984）の研究によると、命名課題ではプライムとターゲットとの間に連想的（associative）な関係があるときにプライミング効果が生じるが、連想的関係はなく、意味的（semantic）関係のみがあるときには、プライミング効果は生じなかった。これに対し、語彙判断課題では、連想的関係のない意味的関係によってもプライミング効果が得られたのである。たとえば、犬と猫とは連想関係が強いペアの例といえる。これに対し、犬と象とはどちらも動物のカテゴリーに属してはいるものの、犬から象を連想することは少ないので、連想関係はなく意味的関係のみあるペアだといえよう。

この点について、フォーダー（Foder, 1983）は、命名課題のような浅い処理課題でみられるプライミング効果は連想的関係にもとづいており、高次の認知構造には影響されないと主張している。同様に、ラプカー（1984）は、命名課題でのプライミング効果はレキシコンへのアクセスが速まるために生じ、語彙判断課題でのプライミング効果の多くはレキシコンへのアクセスが完了してから後の過程で生じるとしている。レキシコンへのアクセス以後の段階では、アクセスされたレキシカル情報と、文脈により与えられた情報とを統合しているとされる。

したがって、ここで課題を浅い処理課題と深い処理課題とに分類するという視点を得た。つまり、浅い処理課題には、単語の認知の場合であれば、レキシコンへのアクセスまでの段階、つまり同定が完了するまでの段階しか含まれない。これに対し、深い処理課題には、同定までの段階と、それ以後のより高度な認知判断がおこなわれる段階とが含まれる。したがって、命名課題は浅い処理課題で、語彙判断課題は深い処理課題と分類することができるだろう。

次に、線画の命名課題と、現実に存在する有意味な物の線画かどうかを判断する事物判断課題とをみてみよう。線画の命名では、線画の名前へアクセスするまでに、必ず意味記憶を通過しなければならない（Nelson, 1979）。したがって、単語の命名と比べて、線画の命名にはより深い処理が必要とさ

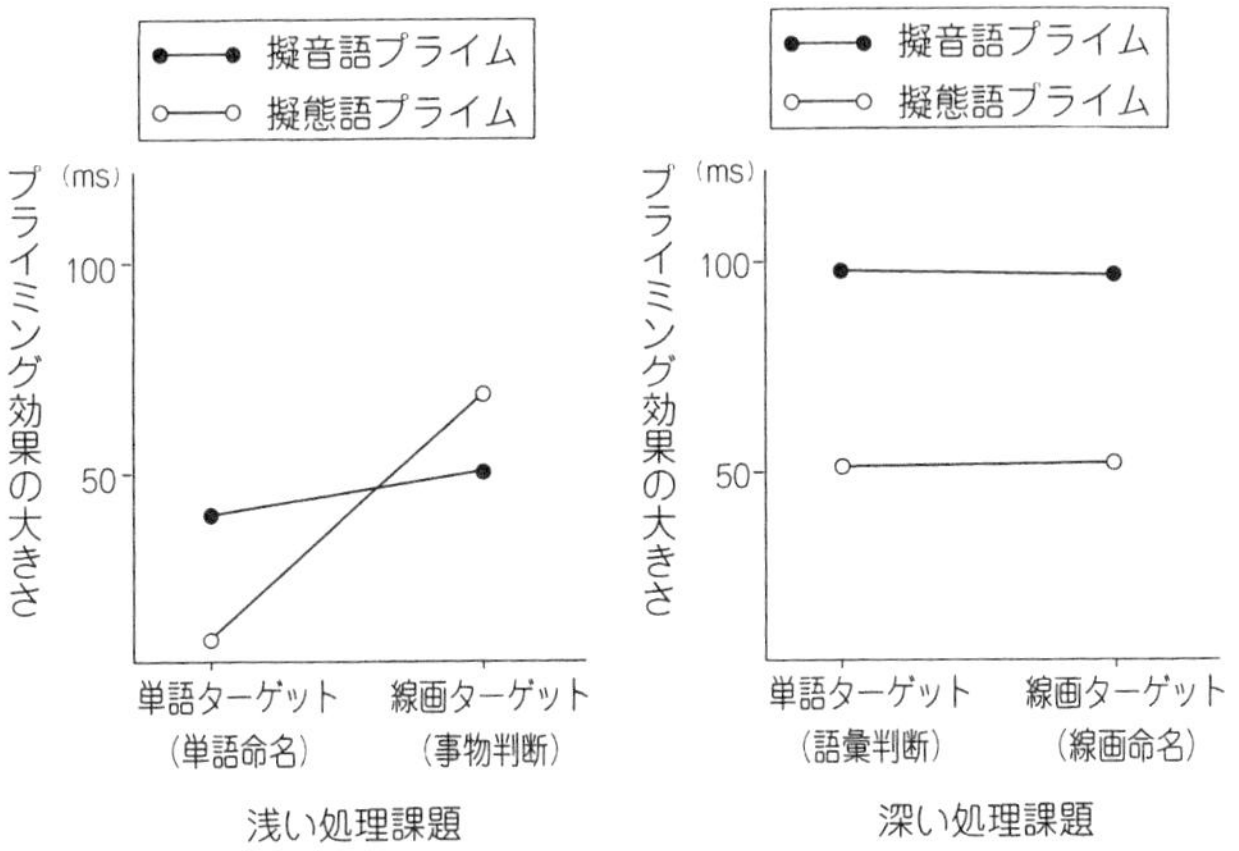

図6・6　浅い処理課題と深い処理課題での結果

れる。これに対し、事物判断課題は、ラプカー(1988)によれば、入力レベルの表象へのアクセスのみが必要とされる課題だという。これはちょうど、単語の場合の、レキシコンへのアクセスに相当する過程といえよう。なお、線画の場合はアクセスされる表象は、先にも述べた事物のプロトタイプ的なイメージと考えられる。このプロトタイプ的なイメージにアクセスされることでその事物が何であるかが同定されるのである。このようにみてみると、事物判断課題は、視覚的イメージへの入力過程を反映する浅い処理課題、そして線画の命名課題は、視覚的イメージへのアクセス以後の過程をも含む深い処理課題であると分類することができる。

単語命名課題や事物判断課題のような浅い処理課題でみられるプライミング効果は、入力過程で生じるものであるから、そのようなプライミング効果は、擬音語や擬態語が、関連する概念の名前や視覚的イメージを喚起した程度を反映するといえる。したがって、当初立てた仮説を検証するのは、浅い課題を用いたときの方が適切であるように思われる。

そこで、異なる実験間ではあるが、便宜的に浅い処理課題（単語命名課題と事物判断課題）と深い処理課題（語彙判断課題と絵の命名課題）とに分けてプライミング効果の大きさをみてみると、図6・6のようになる。

○浅い処理課題に対する考察

まず、浅い処理課題からみてみよう。単語の命名課題の場合、擬音語プライムは36ミリ秒のプライミング効果をもたらしたものの、擬態語プライムはほとんどプライミング効果をもたらさなかった。単語の命名課題でのプライミング効果はプライムとターゲットとの連想強度を反映するとされるので、ここでも擬音語ペアと擬態語ペアとの間で連想強度に違いがみられたことが考えられる。

確かに、苧阪（1986）の擬音語・擬態語連想基準表によると、たとえば、ガアガアに対して、アヒルと反応したのは290名中159名であった。このような数値を擬音語ペア全体で平均すると151・1であった。これに対し、擬態語ペアでの平均値は59・8であった。つまり、擬音語ペアの方が連想的な結びつきは強いといえる。したがって、単語の命名課題における結果は、プライムとターゲットとの連想強度を反映したものといえる。しかし、擬態語プライムが単語命名課題でほとんどプライミング効果を示さなかったことは、擬態語プライムが単語名を喚起する力が弱かったこともあらわしている。

ところが、事物判断課題では、逆に擬態語プライムの方が擬音語プライムよりも、大きなプライミング効果をもたらした。このことは、擬態語ペアの方が連想強度が弱いことと、単語の命名課題では擬態語プライムがほとんどプライミング効果をもたらさなかったことを考えあわせるならば、注目すべき結果である。このことは、擬態語プライムが関連する概念の視覚イメージを強く喚起していたことを示唆しているからである。

そこで、浅い処理課題での結果をまとめると次のようになる。擬音語プライムは、単語の名前も視覚的イメージも同じくらいの強さで活性化させることができた。擬音語プライムが視覚的イメージも強く喚起したことの一つの理由として、本実験で用いられた刺激のいくつかでは、擬音語そのものが事物の名前と強い結びつきがあったからであろう。われわれは幼い頃、たとえば犬のことを「イヌ」と呼ばずに「ワンワン」と呼んでいた。このようにわれわれは発達的に擬音語そのものを事物の名前としてきた時期を経ているので、擬音語が事物に対しても大きなプライミング効果をもたらしたのであろう。これに対し、擬態語プライムが線画ターゲットにたいして、とくに大きなプライミング効果をもたらしたことは、擬態語が強く視覚的イメージを喚起するという特性をあらわしている。擬態語プライムが単語ターゲットの命名にはほとんどプライミング効果をもたらさなかったことから、擬態語は視覚的イメージのみを効果的に喚起することが可能であることを示唆する。詩や小説で擬態語を用いることが効果的であることは誰しもよく知っているとおりであるが、そのことが実験的にも確認されたといえる。

❍深い処理課題に対する考察

次に、深い処理課題での結果をみてみたい。この結果からいえることは、語彙判断課題でも、線画の命名課題でも、擬音語プライムが擬態語プライムよりも倍近い大きさのプライミング効果をもたらしたことであり、ターゲットが単語であるか線画であるかによる違いは明確ではなかった。

まず、線画の命名課題についてみてみよう。この課題の一つの特徴は、刺激自体は非言語的な形態で与えられるが、反応は言語的におこなう点である。擬音語プライムが擬態語プライムよりもずっと大きなプライミング効果をもたらしたのは、概念の視覚的イメージと名前との両方が活性化されていたためではないかと思われる。つまり、視覚的イメージが活性化されていたために、ターゲットの入力過程で促進が生じ、さらに名前情報も活性化されていたので反応選択の段階でも促進が生じたのであろう。これに対し、擬態語プライムは視覚イメージを活性化するだけなので、入力段階でしか促進が生じなかったのであろう。

次に、語彙判断課題についてみてみよう。この課題でもやはり、擬音語プライムが擬態語プライムよりも約2倍のプライミング効果をもたらした。これは、擬音語プライムは概念の名前情報を活性化させていたために、入力段階で促進が生じたのと、単語か、単語でないかを判断する入力以後の段階でも促進が生じたからであろう。

これに対し、擬態語プライムは、概念の名前情報を活性化しないので、入力過程では促進が生じず、入力以後の段階でしか促進が生じなかったのであろう。つまり、ここで用いた刺激に関する限り、擬音語は概念の視覚的イメージと名前情報との両方を活性化しており、擬態語は視覚的イメージのみを活性化していたと考えることで、深い処理課題での結果に対し一応の説明を与えることができる。

いずれにせよ、擬音語と擬態語が豊かなプライミング効果をもたらすことは間違いない。プライム刺激として、擬音語、擬態語を用いることで認知心理学における、イメージ喚起の問題、線画・単語処理の問題、あるいはプライミング効果の生起過程の問題等の解明に大きく貢献するものと思われる。擬音語・擬態語を用いた研究のよりいっそうの進展がのぞまれるゆえんである。

7章 擬音語・擬態語と比喩

われわれは見たり聞いたり、考えたり感じたりしたことをことばで表現するときに、何かにたとえて表現することがよくある。たとえば、次の二つの文を考えてみよう。

(1) a 赤ちゃんの肌はマシュマロのようだ。
b ぼくの心には木枯しが吹いている。

(1)aでは、赤ちゃんの肌がきめ細かく、柔らかで、弾力がある感じを同じような性質をもっているマシュマロにたとえて、「マシュマロ」という語で表現している。また、bのように、われわれの考えや心情のような抽象的なことも、何か具体的な物や事象にたとえて表現することができる。このような比喩表現を使うことによって、直接ものを形容する語だけでは表現できない微妙な意味合いを表現することができ、われわれの言語表現はずいぶん豊かになる。

ところで、われわれは、微妙な意味合いや感じを表現したいときに、擬音語・擬態語を使うことも多い。山梨（1988）は、豊富な例をあげてさまざまな比喩について議論を展開しているが、その中で、擬音語・擬態語について述べられている部分を参考にしながら比喩表現という観点から擬音語・擬態語について考えてみよう。

❍擬音語と比喩

山梨（1988）は、まず、擬音語を換喩の典型例としてあげている。山梨の説明によると、換喩(metonymy) は、「ある一つのものを、それに関係した他のものによってあらわすことばのあやの一種」（92ページ）である。そして、たとえば、(2)aの「チン」は「電子レンジ」、bの「ワンワン」は「犬」のことであるが、このような擬音語は、「属性の一部のみを記号化することにより、その属性によって象徴的にあらわされる指示物そのものを間接的に示す、いわゆる換喩の典型例の一つといえる。」（81ページ）のである。

(2) a　肉まんをチンであたためて食べよう。

　b　ワンワンが来るよ。（ただし、おとなが言う場合。）

ところで、ふつう、語とそれがあらわしている指示物との関係は恣意的であり、同じ言語を使っている人々の間で、約束ごととして定められているにすぎないといえる。たとえば、今われわれが「犬」と呼んでいる動物をあらわすために「猫」という語が用いられることになっていたら、われわれはその動物を「猫」と呼ぶだろう。また、青い色をあらわすために「赤」という語が用いられることになっていたら、その色を「赤」と呼ぶだろう。ところが、擬音語は外界の物理的な音を音声でまねてあらわす語である。したがって、擬音語が発声されるときの音声の音と指示物の音との間にはなんらかの類似性があり、それらの関係は恣意的であるとは言い切れない。

しかし、たとえば、犬の鳴き声が、日本語では「ワンワン」、英語では「bowwow」と表記され、発音されるように、それぞれの言語の音韻規則に従って異なってあらわされるので、語と音との関係が絶対的であるともいえない。これらのことは、他の語にはみられない擬音語の特徴である。ある物理的な音を擬音語で表現しようとすると、われわれは、その物理的な音とどの音声とが似ているかを探り、その音声が言語のどの音韻であらわされるか決定する必要がある。「〜は〜のようだ。」という比喩（この場合は直喩と呼ばれる）を用いようとするときには、たとえるものとたとえられるものとの間になんらかの類似性を見いださねばならないが、この類似性を見いだすという点に着目すれば、擬音語を生み出す過程には、直喩のような比喩を生み出す過程と同じ過程があるといえる。

◯擬態語と比喩

次に、擬態語について考えてみよう。擬態語は、われわれの五感に感じられたことや、心情などを音声の並びで表現する語である。五感と言ったのは、擬音語と擬態語を明確に区別することはむずかしく、山梨（1988）も述べているように、擬態語のうち聴覚を通じて得られた感覚の表現を擬音語と考えた方がよいと思われるからである。しかし、ここでは一応物理的な音以外のものをあらわす語を擬態語と呼ぶことにする。

その場合、擬態語は直接音には関係のない感覚や心情などを表現する語であるから、擬態語とその指示物との関係は恣意的であってよいはずである。しかし、たとえば(3)a、bは違和感なく理解できるが、c、dは特別の状況や心情を表現するものとして理解できなくもないが、それらの擬態語の使われ方には違和感を覚えるのがふつうである。われわれは、「キリキリ」、「フワフワ」といった語を構成している音からなんらかの感じを受け取ることができる。たとえば、「キ」からははっきりした感じや鋭さが、「ワ」からは開放的な感じや広がりが筆者には感じられる。

擬音語・擬態語を材料に用いて実際に調査をおこない、丹野（1988）は、清音と濁音の語感の相違を報告しているし、村上（1980）は、たとえば、母音の/o/は「落ち着きのなさ」、子音の/p/は「ダイナミズム」と関連がみられるというように、日本語の音素からどのような感じが受け取られるかを報告している。これらの研究から、擬態語を構成しているそれぞれの音素自体が、われわれが感覚から受け取る感じや心情といったものを象徴的に示しているといえるのである。(3)c、dに違和感を覚えるのは、そこで使われている擬態語から象徴的に受け取る感じと、文内の他の語や、それらからつくられる文の意味から受け取る感じとが異なるからである。

また、(4)aの「ハラハラ」からは、桜の花びらが散るようすや程度だけでなく、花びらの可憐さ、さらに、かよわさやはかなさといったものをそこはかとなく感じることができる。同じように、bの「小雪のように」からも、小雪がちらつくようすと桜の花びらが散るようすが外見上似ているというだけでなく、「小雪」にたとえられた花びらの可憐さ、さらに、かよわさやはかなさといったものをも感じることができる。cの「少しずつ」では、これらのようなかよわさやはかなさといった心情までも象徴的に表現することはむずかしい。このように(4)bでは、桜の花びらが散るようすから感じられる心情を「小雪」によって象徴的に感じられる心情にたとえることができるが、これと同じように、aの「ハラハラ」によって象徴的に感じられる心情にたとえることができるともいえるのである。つまり、(4)aのような擬態語を用いた表現は、bのような比喩を用いた表現と同じ機能をもっているといえるのである。

(3) a　食あたりで胃がキリキリ痛む。
　 b　白い雲が空にフワフワ浮かんでいる。

(4)
c　食あたりで胃がフワフワ痛む。
d　白い雲が空にキリキリ浮かんでいる。
a　桜の花びらがハラハラと散る。
b　桜の花びらが小雪のように散る。
c　桜の花びらが少しずつ散る。

(5)
a　彼女はいつもキラキラしている。
b　彼女の美しさはダイヤモンドのようだ。

ところで、(5)aは、「彼女」がいつも金属の装飾品をたくさん身につけていて、実際にそれらが輝いていることを表現している場合もあろうが、「彼女」の表情が明るく、いつも生き生きしているようすを表現しているといえる。この場合、「キラキラ」という擬態語から、われわれは、「星」や「貴金属」などが明るく輝くさまを連想する。そして、さらに、それらの連想からいだく感じを受け取るのである。また、bの「彼女」は高貴でプライドが高く、どこか冷たい感じがするのは、「ダイヤモンド」の意味内容やその語から連想されるものによるといえる。bのように具体的な語で何かを象徴的に表現するときには、その語の具体的な意味の成分やイメージ、それらの語から連想される他の語の意味内容などを介すると思われる。aのような擬態語で表現するときにも、その擬態語から具体的な語を連想し、その連想した語の意味内容を介して象徴的な意味が伝わる場合も多い。

しかし、擬態語の場合は、その語を構成している音から直接象徴的な意味が心に響くといえる場合が少なくない。たとえば、苧阪（１９８６）の連想基準表によると、(4)ａの「ハラハラ」からは具体的な物をあらわす語ではなく、「心配」、「緊張」といった、われわれの心情をあらわす語が連想されており、「ハラハラ」はそのような心情を直接象徴的に表現する語であるといえるのである。このような擬態語を用いた表現は、具体的な語を用いた比喩表現より、より直接的にわれわれの感覚や心情に響くといえるかもしれない。

まとめてみると、擬音語・擬態語を用いた表現は、われわれが五感で感じたことや心情を、音によって象徴的にあらわされる感じにたとえているということができ、広い意味での比喩表現であるといえる。また、五感で感じたことや心情を、具体的な語を用いたり、具体的な語にたとえることによってうまく表現できない場合でも、擬音語・擬態語を用いれば表現できる場合がある。この場合のように、擬音語・擬態語は、われわれの言語表現を生き生きとしたもの、豊かなものにしているのである。このような擬音語・擬態語を用いた表現の理解、生成、発達の過程を調べることは、広く比喩を用いた表現の理解、生成、発達の過程を解明するためにも重要であると思われる。

8章 多義的な擬音語・擬態語と文脈

ゴロゴロという擬音語（擬態語）は、たとえば次のように表現される。

雷がゴロゴロと鳴る。 （1）

家のなかでゴロゴロと過ごす （2）

本章では、擬音語・擬態語のなかでも、ゴロゴロのように、「雷がゴロゴロなる」という擬音語と、「家のなかでゴロゴロする」という擬態語といったような二つ以上の意味をもつ多義的な擬音語・擬態語について考える。まず多義語はどのように処理されるのか、また文脈はそのときどのような役割をするのかということについてふれておきたい。

○多義語の処理

言語には、受け手が見たり聞いたりした単語について複数の解釈が可能となる場合がある。このような性質は言語の曖昧性（ambiguity）と呼ばれている。たとえば、「かんしょう」という単語を見ても「干渉」なのか「鑑賞」なのかがわからない場合などがその例である。この単語は同音異義語（homonym）と呼ばれる。同音異義語は、本来異なる意味をあらわすことばが同じ音をとっているものである。ここでは、このような同音異義語も多義語の範疇に含まれるものとして考えることにする。

さて、前例の「かんしょう」も、その前に「映画」などの単語あると「映画鑑賞」になり、「親の」が付くと「親の干渉」となるように、文脈がその意味の決定に大きな役割を果たしていることがわかる。このように、文脈は言語を理解するために、非常に重要なのであるが、文脈のはたらきについても、多義語の処理過程を研究することから多くのことが明らかにされてきた。

文中での多義語の意味を理解する際の文脈情報の用いられ方は、おおよそ次の二つの考え方に分けて考えられている。文脈と一致していても一致していなくても、多義語の有するすべての語義が活性化されると考える、多肢的アクセス・モデル（context-independent multiple access model）と、文脈に一致した語義の意味情報だけが活性化されると考える選択的アクセス・モデル（selective access model）とである。

前者の多肢的アクセス・モデルの考え方は、モジュール仮説（modularity hypothesis）として紹介されている（たとえばFodor, 1983）。そこでは、言語処理の過程は、音声、音韻、語彙および統語のそれぞれのサブモジュールと呼ばれる処理レベルからなると想定されている。そして、それぞれのサブモジュール内での処理過程は独立的であると考えられている。そこでの単語の処理方法は、下から上への、いわゆるボトムアップ（bottom-up）処理であり、下位のレベルにある音声的レベルや音韻的レベルで処理された処理内容が上位の語彙のレベルに順次伝えられる。したがって、多義語を見たり聞いたりした場合には、たとえばゴロゴロが「雷のゴロゴロという音」と、「ゴロゴロ昼寝する」といった両方の意味を活性化させるというのである。語義を決定するに際に両方の意味のどちらをとるかは、上位のレベルにおいて文脈によって決定されると考えられている。

一方、後者の選択的アクセス・モデルでは、文脈の情報が最初から単語の意味の活性化に影響を与えていると考える。たとえば、「雷」という文脈が多義語の前に与えられていると、「ゴロゴロ」は雷の音だけを活性化させ、「ゴロゴロ寝ころがる」というような意味内容は最初から思い浮かばなくなってしまうというのである。

この選択的アクセスの考え方は、私たちの日常経験からも理解しやすいものである。というのは、私たちは日常に多義語に接したとしても、その意味の選択に困ったという経験はあまりないからである。多くの場合、文中の多義語の文脈と一致しない意味には気づかずに読み過ごしていて、多義語であることすらわからないこともある。

◐多義語とプライミング効果

多義語の処理過程についての検証実験では、プライミング効果についての実験例が多数報告されている。プライミング効果については6章でも述べられているように、先行する刺激の処理が後続して出現する刺激の処理に影響をおよぼすことをいう。とくに、後続刺激の処理を促進させる場合を意味することが一般的である。

代表的な研究例として、メイヤーとシュヴァネヴェルト（Meyer & Schvaneveldt, 1971）の実験をみてみよう。そこでは、語彙決定課題（lexical decision task）がおこなわれている。これは、呈示された単語が、単語として正しいか否かの決定をおこなわせる課題である。たとえば、「DOCTOR（医者）」は単語として正しいが、「DECTOR」は単語として正しくない。さて、語彙決定課題で、「DOCTOR」の呈示に先行して、この単語と意味的に強い関連をもつ「NURSE（看護婦）」という単語を呈示した場合について考えてみよう。このような先行して与えられる刺激はプライムと呼ばれる。また「DOCTOR」のように語彙決定を要求される刺激はターゲットと呼ばれる。「NURSE」という単語を呈示した場合は、先行してなにも呈示しなかった場合や、意味的に関連のない単語を呈示した場合などと比較して、「DOCTOR」が単語として正しいか否かの判断に要する語彙決定の時間が短縮される。彼らの実験では、語彙決定に要した時間（lexical decision time）が数10ミリ秒速くなるのが確認された。この結果は、呈示に先行して与えられた意味的関連性のある単語が、後続する単語の語彙決定に促進的に作用したと解釈される。

自動的処理と注意的処理

言語の処理過程は自動的処理と注意的処理の二つの処理過程に区別してとらえる立場がある。ポズナーとシュナイダー（Posner & Snyder, 1975）は、言語の処理過程が自動的処理と注意的処理に分けられることを証拠立てる実験をおこなった。

彼らは、先行する刺激が後続する刺激におよぼす影響を、先行刺激と後続刺激との関係（同じか異なるか）と、両刺激の呈示時間の時間差との関係で探索した。先行刺激（プライム）は、後続刺激（ターゲット）と同じである場合（たとえば、プライムがAでターゲットがAA）と、異なっている場合（AとBB）とがあった。プライムとターゲットが同じ場合には、前者はターゲットの処理を促進すると予測される。というのは、プライムに与えられた文字が、長期記憶内におけるその文字を活性化させるためである。また、彼らの実験では、被験者があらかじめプライムに注意を向けるか否かを操作するため、プライムとターゲットとが一致する確率を変化させた。一つの条件ではプライムとターゲットが一致している確率を80％（高確率）とし、他の条件では20％（低確率）としたのである。被験者は、高確率の場合にはプライムに出現した文字がターゲットにも出現するのではないかと期待するが、低確率の場合には、一致する可能性は低いだろうと思って期待しないだろうと予測される。

このような条件のもとで、ターゲットの二つの文字の同異判断（たとえばＡＡの場合は同じでＡＢの場合には異なる）に要する時間を測定したところ、プライムが出現した場合の反応時間（reaction time, RT）は、プライムがない場合に比べて、短縮する場合もあれば延長する場合もあった。プライムがない場合とプライムがある場合との差の値は、高確率と低確率のそれぞれの条件で図８・１のようになった。縦軸の正の値は、反応時間の短縮した値でプライムによる促進効果を示している。また、負の値は、反応時間が延長した値でプライムによる抑制効果と考えられる。横軸は、プライムとターゲットの刺激呈示の時間間隔である（stimulus onset asynchrony, SOA）。

図８・１をみると、低確率の場合には促進効果はあるが抑制効果は認められない。しかし、高確率の場合には促進効果が顕著であるだけでなく、抑制効果も生起しているのが確かめられる。ただし、促進効果と抑制効果の出現には多少の時間のずれがある。促進効果はＳＯＡが短時間の段階から生じているが、抑制効果はＳＯＡが比較的遅い段階から明瞭になるのがわかる。

こうした結果を、ポズナーとシュナイダーは、情報の処理過程を自動的処理と注意的処理過程とに分けることにより解釈している。つまり、低確率の条件では、被験者は、プライムの文字に注意を向けることが少ない。したがって、プライムによる促進効果は単語自体の自動的活性化にもとづくもの

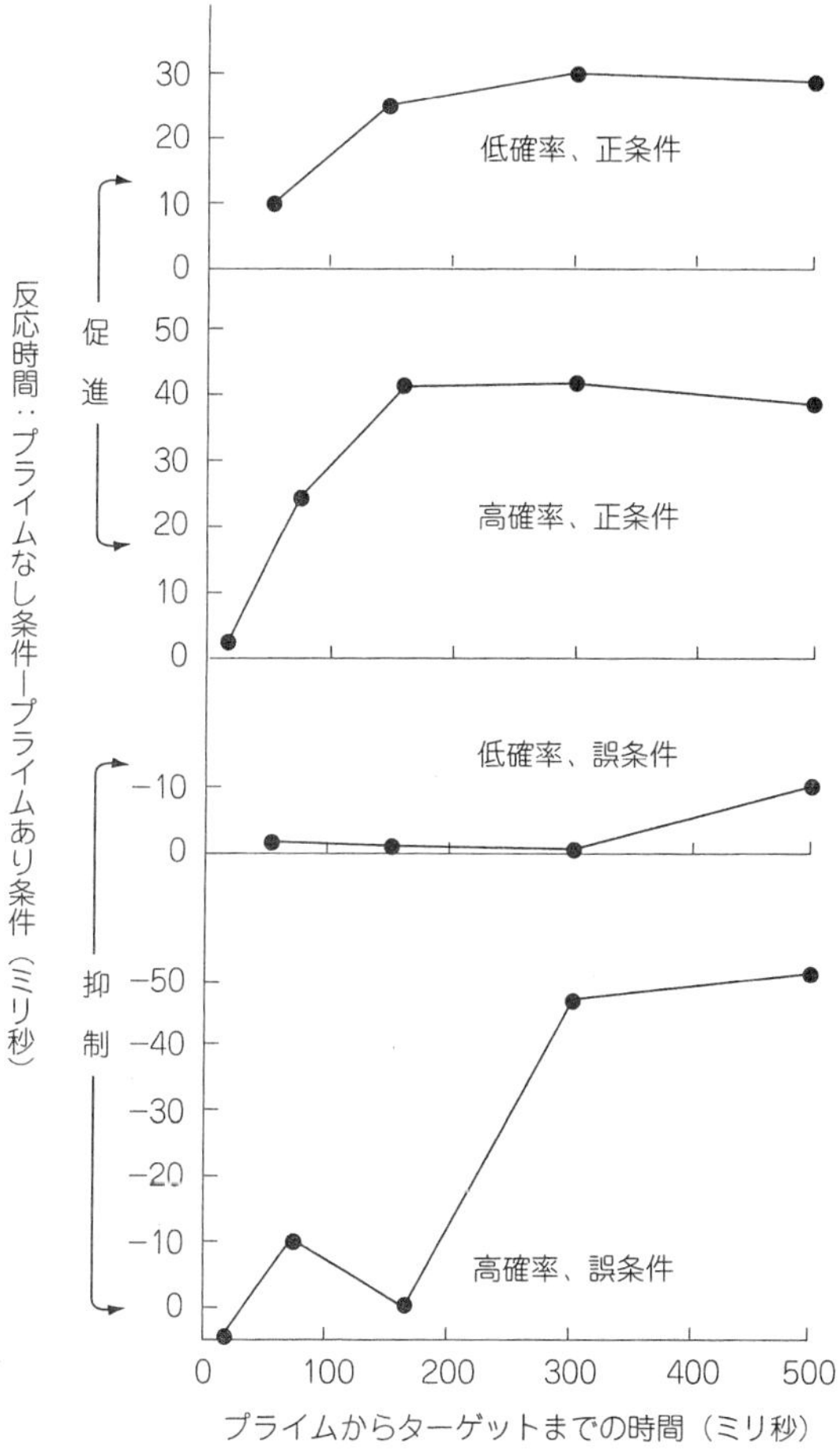

図8・1　低確率の場合と高確率の場合のターゲット文字の同異判断
(Klatzky, 1975)

と推測されるのである。自動的処理は、単語の長期記憶を活性化させ、後続して同一の単語が出現したときには、その処理を促進する。しかし、自動的処理は他の単語の処理を抑制することはないと考えられる。

他方、高確率の場合には、被験者は、プライムの文字と同一の文字のペアがターゲットにも出現するのではないかとその文字に注意を向けがちである。したがって、ターゲットがプライムと同じ文字であったときには、注意的処理がターゲットの文字の処理を促進する。この注意的処理による促進効果は、先に述べた自動的処理の促進効果に加算されることとなる。しかしながら、ターゲットがプライムと異なった場合には、注意が他の文字に向けられているため、ターゲットの文字の処理は逆に遅くなる。このため、抑制効果が生じることとなる。

図にみられるように、自動的処理は、プライムが出現して早い時点からその効果があらわれているが、注意的処理はかなり遅れてあらわれるのがわかる。彼らによれば、注意的処理が出現する時点は、刺激が呈示されてから約３００ミリ秒程であるとされている。

このような自動的処理と注意的処理二つの過程は、文字のみならず単語の場合にも、またプライムとターゲットとが同一のときだけでなく、関連のある場合にも認められている（Neely, 1977）。

●プライミング効果による多義語の研究

プライミング実験により多義語の処理を検討した例には、シュヴァネヴェルトら（Schvaneveldt, Meyer, & Becker, 1976）の研究がある。そこでは、save bank money のように三つの単語を連続的に呈示して、3番目の単語について語彙決定課題がおこなわれた。三つの単語のなかで、プライムとなる2番目の語に多義語（bank）が用いられた。条件には、意味的関連条件と無関連条件とがあり、3番目のターゲット語がプライムの多義語の一方の意味と関連のある場合（関連条件、bank money）と、プライムと関連のない場合（無関連条件、bank horse）があった。ただし、関連条件については、1番目の語がプライムの語義のうち、ターゲット語と関連のあるどちらか一方の語義を活性化する場合（たとえば、save-bank-money）と、1番目の語がプライム語義のうちターゲット語と関連のない語義を活性化する場合（たとえば、river-bank-money）とがあった。それぞれの条件で3番目の語の語彙決定にかかった時間は、前者の方は無関連条件より速かった。しかし、後者の語彙決定時間は無関連条件と差がなかった。また、1番目の語がプライムと関連のない場合（day-bank-money や day-bank-river）には、語彙決定時間はその関連条件の半分くらいの時間だけ短縮傾向を示した。

この結果から、文脈がある場合には多義語の語義は選択的に活性化されることが、さらに文脈がない場合には多義語は二つの意味が活性化されると推測できる。ただ、ここで問題なのは、彼らの研究では、多義語とターゲット語とのSOAが約500ミリ秒であり、これより以前の過程で、すなわち多義語を見たり聞いたりした直後の多義語の語義の活性化については疑問が残る。というのは、先に述べたように多義語を呈示した直後の自動的な処理過程については結果がどうなるかわからないからである。

この疑問点について、スウィニイ（Swinney, 1979）は、文中の多義語の処理過程におけるプライムとターゲットとの時間差を変化させて検討をおこなった。実験では、多義語を含んだ文章がヘッドホンを通して聴覚的に呈示された。文中の多義語が聴こえてくるとその直後かあるいは少し遅れて（3音節後に）、ターゲットとなる単語がコンピュータ画面上に視覚的に呈示された。被験者は、刺激文を聴きながら、ターゲット語が出現するとそのつど単語の語彙決定をおこなった。

刺激に用いられた文章は、たとえば次のようである。

Because he was afraid of electronic surveillance, the spy carefully searched the room for bugs.

上記の文末の「bug」は、「虫」と「盗聴用マイク」の両方の語義をもっている。このような多義語が聞こえてくると、その直後か、3音節後にターゲット語が視覚的に呈示されるのである。この場合のターゲット語は、多義語のそれぞれの語義と連想関係にある語の場合もあれば、全く無関係な単語である場合もあった。たとえば、虫に関連のある語の「ant」か、盗聴用マイクに関連のある語の「microphone」などである。

実験の仮説の一つとしては、文脈が多義語のどちらか一方の語義を活性化させるのであれば、多義語の「bug」の語義のうち盗聴用マイクの語義だけが選択的に活性化され、盗聴用マイクと連想関係にあるターゲット語「microphone」に対する反応だけが促進されるということである。この仮説によると、文脈に一致する語義と連想関係にあるターゲット語に対する語彙決定時間は、他の語義と連想関係にある語や無関連の語に対する反応よりも速くなるであろうと予想される。この場合の促進効果は、ターゲット語の呈示が多義語を聞いた直後であっても、それより少し遅れた3音節後であっても、変わらないであろう。

一方、もう一つの仮説としては、多義語の語義活性化の過程が自動的で、両方の意味の活性化は文脈の効果を受けないものとして、多義語の両義と連想関係にある「ant」と「microphone」に対する反応はともに促進されるであろうということである。しかも、この傾向は、多義語を聞いた直後にのみ認められるであろう。というのは、それから時間が経過すると文脈に一致した語義が選択され、文脈に一致した語義と関連のあるターゲット語に対してのみ促進の効果が認められると予想されるためである。したがって、多義語を聞き終えてから時間が経過している3音節後には、ターゲット語「microphone」に対してのみ反応が促進されることとなる。

結果は、促進の効果はプライムとターゲットとの時間差により異なり、後者の仮説を支持するものであった。多義語を聞いた直後には、多義語の両方の語義と連想関係にあるそれぞれのターゲットに対して、ともにRTの短縮傾向が認められた。その場合には、文脈の影響は認められなかった。また、ターゲットが3音節後に呈示された場合には、文脈に一致した語義と関連のあるターゲットに対してのみRTの短縮傾向がみられた。このように、結果は、多義語の呈示直後には自動的に多肢的アクセスがおこなわれ、3音節後には選択的アクセスがおこなわれることを示唆するものであった。

スウィニイの結果を支持する研究報告がその後いくつか発表されている（Onifer & Swinney, 1981; Seidenberg, Tannenhause, Leiman & Bienkowski, 1982; Kintsch & Mross, 1985）。彼らの研究に共通する点は、多義語の語義の活性化の過程においては、選択的活性化か多肢的活性化かの問題ではなく、両アクセスが時間がずれて出現するということである。すなわち、多義語を見たり聞いたりした直後にはまず、多義語の両方の意味が自動的に活性化する。文脈の効果というのは選択的であるため、時間がたつにつれて、文脈と一致する語義のみが活性化するようになるというのである。文脈の効果が顕著になるのは、多義語が呈示されてから短い場合には200ミリ秒と考えられている。

以上の研究結果は、次のように要約できよう。つまり、多義語が呈示された直後には、単語の意味の活性化はその多義語がもつすべての語義を活性化する。この段階は自動的処理段階であって文脈情報によって制約されることはない。しかし、次第に注意的処理が作用し始めると文脈情報が影響をおよぼすようになる。その結果、多義語のもつ意味のなかでも文脈に見合った語義だけが選ばれるのである。

このような結果は、私たちの日常経験には反するもののように思われるかもしれない。しかし、実験結果が示すように、この選択過程は単語の呈示後わずか200ミリ秒ころから始まっているのである。単語が呈示された時に、そのような短い時間ですでに文脈情報に合致した語義の選択がおこなわれているのであれば、私たちが多義語の語義の選択に躊躇する場面に出会わないことも不思議ではないように思われるのである。

◯多義的な擬音語・擬態語のプライミング効果

以上、先行研究を中心にいくつかの点について述べてみた。ここで本論に移りたい。擬音語・擬態語は、聞こえてくる音や目に見える動きをことばで表現したものであるため、そのものイメージ喚起が容易である。たとえば、「サラサラ」した髪といわれれば、よく手入れの行き届いたクセのない髪が風になびくようすが思い浮かぶ。このような具体的なイメージは、他の多くのことばを重ねてみても、「サラサラ」におよぶものではない。

さて、「モウモウ」はどうであろうか。「モウモウ」からは、牛の啼き声が連想されるが、他方、煙が立ちこめるようすも思い浮かぶ。つまり「モウモウ」は、擬音語であり擬態語でもある。このような二つ以上の意味とつながる擬音語・擬態語を見たとき、あるいは聞いたときの処理はどうであろうか。「モウモウ」に対する連想結果（苧阪、1986）では、「牛」という反応が131であり、「煙」

が100である。この他にも「たちこめる」が6、「燃える」が6である。後二者はいずれも「煙」のようすであると考えられる。したがって、「モウモウ」に対する反応は「牛」と「煙」がほぼ等しいものと考えられ、約半数の人が牛の啼き声を、残りの半数の人は煙の立ちこめるようすを連想していたことになる。

しかし、単独で「モウモウ」が提示された場合とは異なり、ある情景や文章のなかで出現した場合には、自ずから「モウモウ」に対しては選択的注意が作用するであろう。牧場の場面やミルクについて書かれた文脈のなかでは、「モウモウ」は牛の啼き声として処理されるであろうし、火事についての情景やその記述のなかでは煙のようすが思い描かれる。すなわち、多義性をもつ語も、適切な文脈のもとでは容易に「脱曖昧化」して、日常経験のなかでは、その意味の選択にとまどいを感じることはない。

さて本項では、多義性をもつ擬音語・擬態語を用いてプライミング実験をおこない、そのプライミング効果について検討をおこなう。ここでは主に、文脈の効果と自動的処理と注意的処理のそれぞれの過程での多義性をもつ擬音語・擬態語の処理を比較検討する。

まず、方法について述べる。被験者は大学生20名である。

刺激には多義性をもつ擬音語・擬態語のなかから、2通りの意味をもちその意味の強さができるだけ等しいものを連想基準表にもとづき選択した。その結果2通りの意味が、ともに擬音語である場合、ともに擬態語である場合、さらに擬音語と擬態語にまたがっている場合があった。今回の実験ではこのような3種類を含んで刺激語の選択をおこなった。

実験で用いた刺激語は表8・1に示す14語である。この他に、練習試行のため3語（ペラペラ、コツコツ、ボロボロ）を用いた。そして、それぞれの擬音語・擬態語の連想語をターゲットとした（苧阪、1986）。ターゲットに用いた単語はすべて1文字か2文字の漢字であった。偽単語は、単語の漢字の一部分の欠落、付加あるいは合成により55種類の偽漢字を作成して用いた。偽単語が1文字の場合は偽漢字1字であり、また偽単語が2文字からなる場合には、二つとも偽漢字の場合とどちらか

表8・1　多義性をもつ擬音語・擬態語の刺激語

カンカン	キラキラ
コチコチ	サラサラ
ゴロゴロ	タラタラ
ツルツル	パチパチ
ピリピリ	コンコン
ガバガバ	モウモウ
パラパラ	ペコペコ

表8・2　実験条件と刺激例

条件	文脈	プライム	ターゲット
RP	ミルク	モウモウ	牛
RP	火事	モウモウ	煙
RN	ミルク	モウモウ	煙
RN	火事	モウモウ	牛
RC	XXX	モウモウ	牛
RC	XXX	モウモウ	煙
UC	XXX	モウモウ	酒
NW	火事	モウモウ	仏
NC	XXX	モウモウ	囲

RP：正文脈　関連　　RN：負文脈　関連
RC：文脈無　関連　　UR：文脈無　無関連
NW：文脈　非単語　　NC：文脈無　非単語

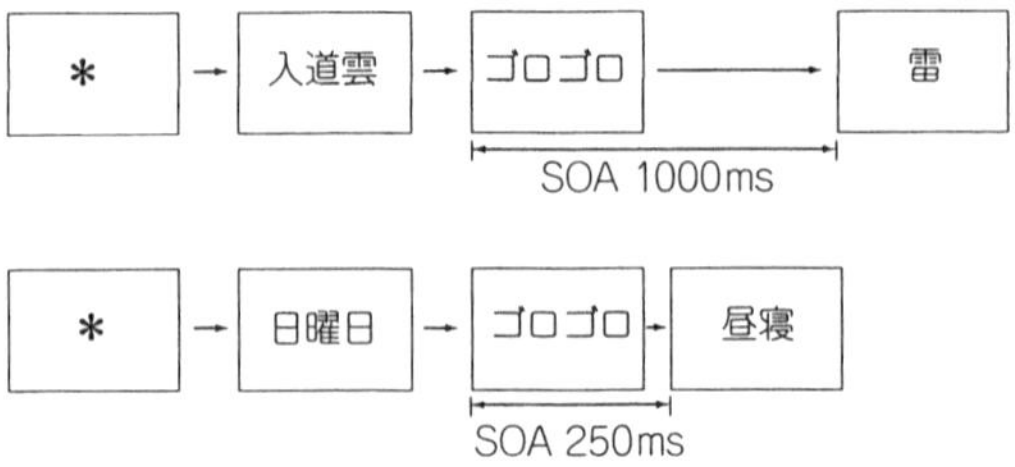

図8・2　実験の手続き

一方のみが偽漢字の場合とがあった。さらに、文脈条件では、プライムの擬音語・擬態語の両義のうちのどちらか片方の意味を活性化させるような語を選択して文脈語として用いた。なお、文脈語は、1文字から5文字のかな文字か漢字であった。

次に、実験条件とその具体例を表8・2に示す。条件は、プライムとターゲットとが意味的に関連する場合では、正しい文脈が与えられる正文脈条件（related positive, RP）と、誤った文脈が与えられる負文脈条件（related negative, RN）、および文脈が与えられない文脈無条件（related control, RC）の3条件があった。さらに、プライムとターゲットとが意味的に関連しない無関連条件（unrelated control, UC）があった。さらに、ターゲットが偽単語の場合（nonword）にも、文脈のある場合（NW）と文脈のない場合（NC）が設定されていた。正の文脈条件と負の文脈はそれぞれ、文脈語とターゲットの組合せの適切なものと、その組合せを変えたものであった。また、文脈なしの条件では、単語のかわりにｘｘｘ記号が呈示された。

実験に用いた文脈の例を表8・3に示す。また、手続きを図8・2に示す。

1試行は1条件からなり、まず凝視点（＊）がスクリーン中央に呈示される。被験者が左手でキイを押した後1秒すると文脈語が1秒間あらわれる。文脈語の消失直後、プライムが呈示された。SOA1000条件ではプライムは500ミリ秒間だけ呈示された。そして、マスキング刺激が500ミリ秒間呈示された後ターゲットが出現した。したがってプライムとターゲットとの間は1秒であった。SOA250条件では、125ミリ秒間のプライム呈示の後マスキング刺激が125ミリ秒間呈示され、その時間差は250ミリ秒であった。

表8・3　実験に用いた文脈の例

条件	文脈	プライム	ターゲット
RP	教会	カンカン	鐘
RP	親父	カンカン	激怒
RP	面接	コチコチ	緊張
RP	深夜	コチコチ	時計
RP	入道雲	ゴロゴロ	雷
RP	日曜日	ゴロゴロ	昼寝
RP	お祖父さん	ツルツル	頭
RP	蕎麦	ツルツル	麺
RP	緊張	ピリピリ	神経
RP	キムチ	ピリピリ	辛子
RP	飲む	ガバガバ	水
RP	Lサイズ	ガバガバ	服
RP	夜空	キラキラ	星
RP	涙	キラキラ	目
RP	女の人	サラサラ	髪
RP	春	サラサラ	小川
RP	額	タラタラ	汗
RP	おふくろ	タラタラ	文句
RP	音楽会	パチパチ	拍手
RP	燃焼	パチパチ	火
RP	狸	コンコン	狐
RP	風邪	コンコン	咳
RP	ミルク	モウモウ	牛
RP	かがり火	モウモウ	煙
RP	傘	パラパラ	雨
RP	ページ	パラパラ	本
RP	おじぎ	ペコペコ	謝罪
RP	御飯	ペコペコ	空腹

RP：正文脈　関連

被験者のターゲットに対する反応は、右手の第2指と3指でそれぞれターゲットが正しい単語である場合とそうでない場合とに対して反応キイを押すことであった。ターゲット呈示後に被験者が反応キイを押すまでの時間が測定された。実験は168試行あり、各条件での試行順序は被験者ごとにランダム化されていた。被験者の半数はSOA1000条件を、他の半数はSOA250条件をおこなった[注1]。

図8・3は、RP、RN、RC、UCの各条件について、被験者10名の平均反応時間を示している。SOA1000条件の結果は上図である。図から、無関連条件に比較して関連条件ではいずれの条件も反応時間の短縮傾向がみられる。これは、プライムによる促進効果であると考えられる。さらに、文脈なしのRC条件に比較してRP条件では促進傾向が認められているが、他方、RN条件では抑制傾向が認められる。

一方SOA250の場合についての平均反応時間は下図に示されている。SOA1000条件と同様に、関連条件ではいずれも無関連条件よりもRTの短縮が認められる。また、文脈効果については、RP条件ではRC条件よりもRTが短く促進効果がみられる。しかしRN条件ではRC条件と差がなく抑制効果は認められなかった。このように、SOA1000条件とSOA250条件では、多義語の処理とその文脈の効果に違いが認められた[注2]。

次に、SOA1000条件とSOA250条件とのそれぞれの条件について、RP、RN条件のRTから文脈なしのRC条件のRTを差し引いた値を図8・4に示す。図にみられるように、SOA1

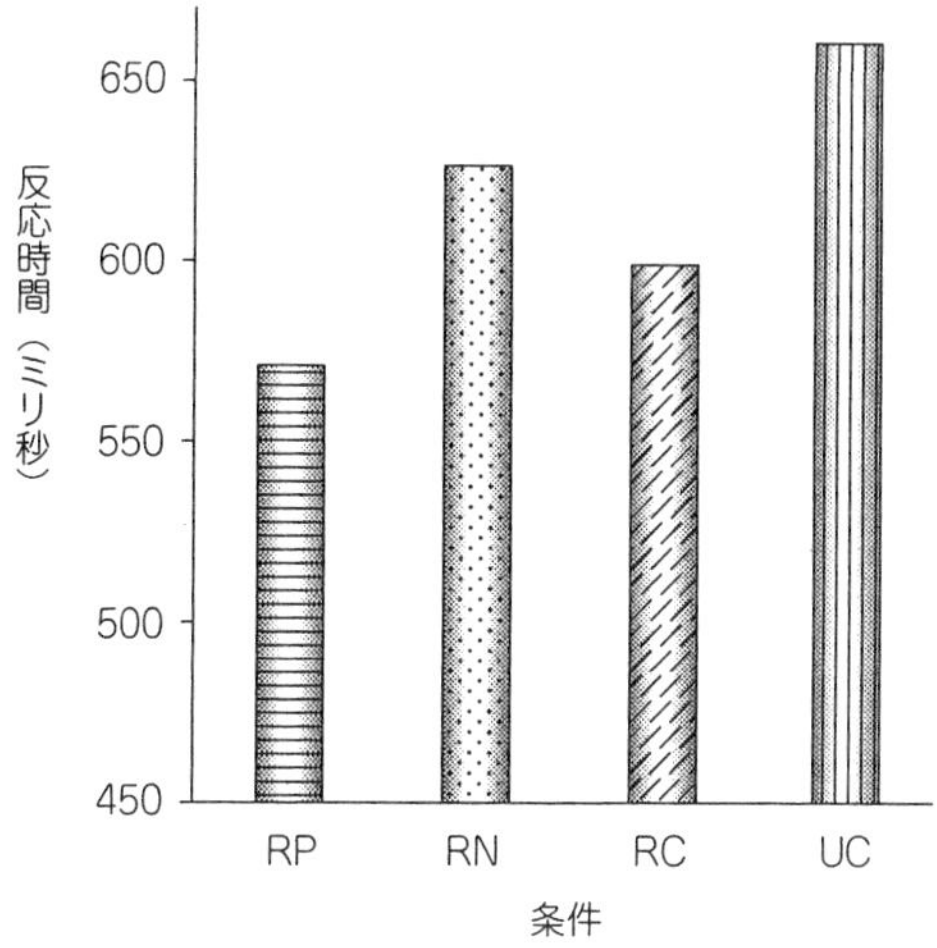

図8・3　SOA 1000ミリでの各条件のRT

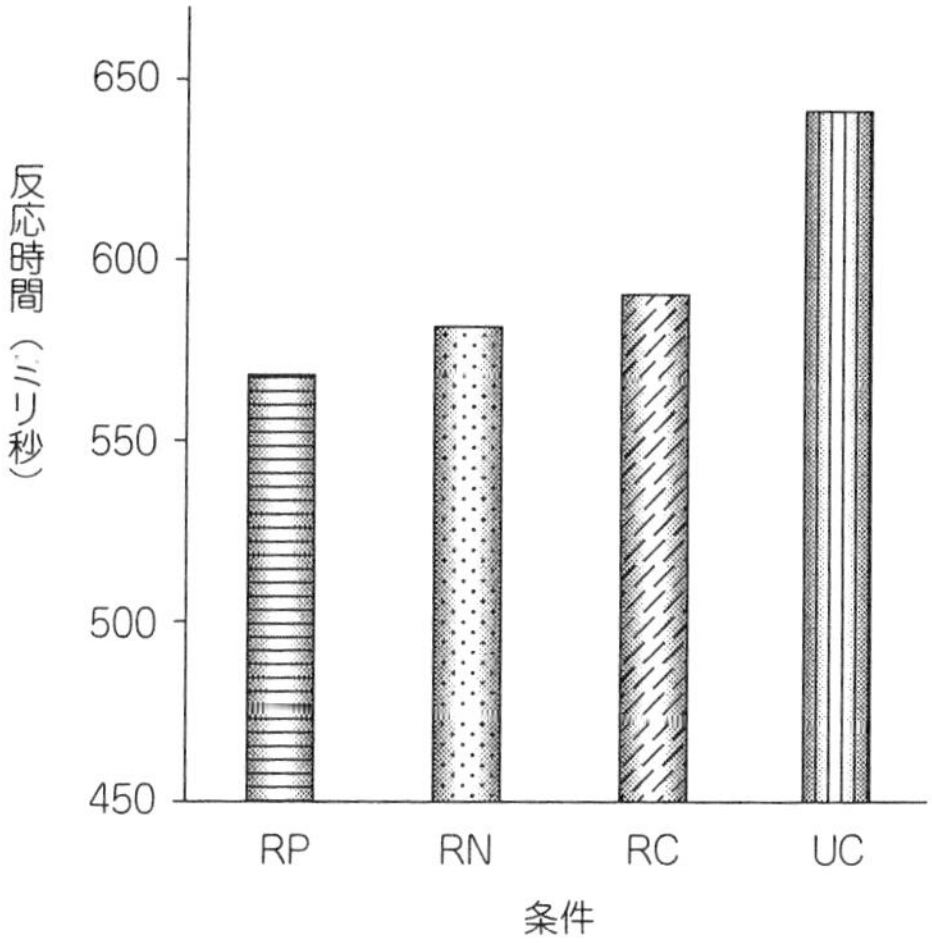

図8・3　SOA 250ミリでの各条件のRT

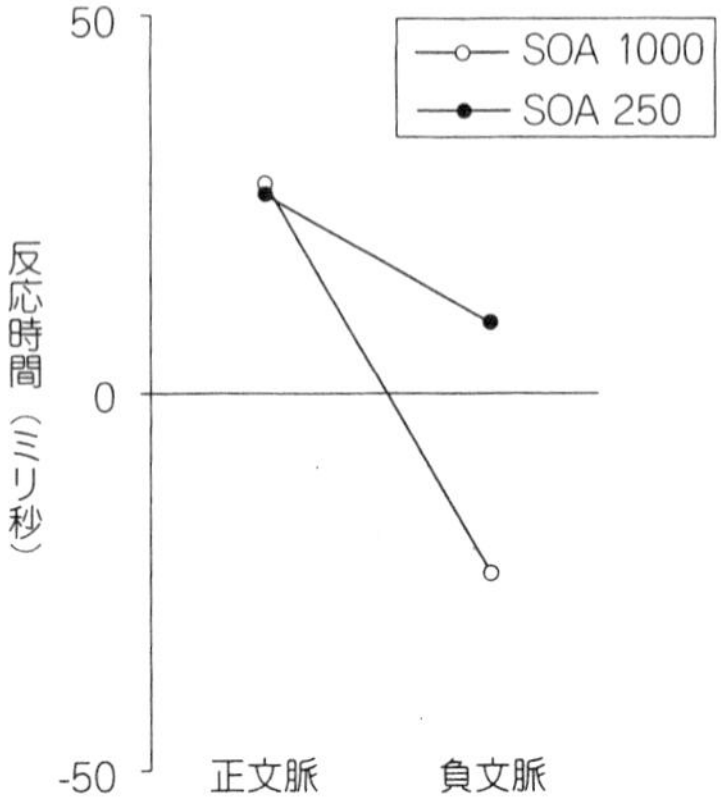

図8・4　SOA 1000ミリ秒とSOA 250ミリ秒条件における文脈効果

000条件では、文脈効果は正文脈では促進、負文脈では抑制しているのがわかる。しかし、SOA250条件では、正の文脈効果はみられるが負の文脈効果は認められなかった[注3]。

以上の結果から、多義性をもつ擬音語・擬態語にも名詞単語などと同様に意味的プライミング効果が認められることがわかった。また、多義性をもつ擬音語・擬態語のプライミング効果は文脈のある場合にもない場合にも認められ、両方の意味の活性化が起こっているものと推測される。また、この傾向は、コンコンのように二つの擬音語の意味を活性化させる場合（コンコン――狐、コンコン――咳）や、モウモウやゴロゴロ（ゴロゴロ――雷、ゴロゴロ――昼寝）のように二つの意味が擬音語と擬態語とにまたがる場合にも同様であった。したがって、多義性をもつ擬音語・擬態語の意味的活性化は、視覚的なイメージと聴覚的イメージをも同時に活性化していたこととなる。

一般的に、プライミング効果を説明するのには活性化伝幡理論が用いられていて、意味記憶のネットワーク構造を想定した上で解釈されることが多い。したがって、多義性をもつ擬音語・擬態語のプライムでも、二つの意味記憶の領域が同時に活性化することが推定される。また、これらの擬音語・擬態語はいずれも感覚と結びついた記憶表象を活性化することになる。したがって多感覚的な活性化を引き起こすものであり、それは音韻のみならず視覚空間的イメージと結びついているために非常に生き生きとした印象を与えることがうなずける。

また、SOAの違いよる結果の差は、多義語の処理過程において、自動的処理と意識的処理の段階を反映したものと考えられる。すなわち、擬音語・擬態語の多義語は、文脈情報が与えられるとそれと対応した意味の活性化が起こり、対応しない意味に対しては抑制メカニズムがはたらくが、この抑制メカニズムは比較的遅くに生じ、多義語の呈示直後には両方の意味の活性化が起こっていることがわかる。一方、文脈情報のない場合にはどちらの語義が活性化しているのか断定はできないが、おそらく、より頻繁に用いられる語義が選択されていた可能性が高い。

以上のように擬音語・擬態語の多義語の処理過程をみてきた。このような例にみられる曖昧性は、日常的に言語に広く存在する特性であり、言語処理のさまざまなレベルにおいてみられるものである。受け手が多義語に接しているときに、一義的に決めることのできない意味をすべて取り出して、それらのなかから選択することはあまりにも時間がかかりすぎると思われる。しかし実際のところ、自動的な過程は意識にのぼる以前にすでに処理されると考えられる。さらに使用率や文脈を手がかりとして、意識にのぼる以前に意味の決定までもなされるものと考えられる。

このことに関して、心内表象としての意識的過程においては、同時に複数の解釈をとることはできないと考える立場がある。たとえば、みえの奥行きが多義的に反転するネッカーの立方体などもその例としてあげられている。この例は言語にも当てはめられよう。

以上、多義性のある擬音語・擬態語について、プライミング実験をもとに考えてきたが、このような、意識にのぼらずに進行する多義性の解釈は、曖昧性をもっている日常的な言語の処理の解明に寄与するものと考えられる。

9章 擬音語・擬態語の発達

われわれは日常生活で、多くの擬音語・擬態語をうまく使い分け、現象や感覚を豊かに表現している。たとえば、「わらう」一つをとってみても、ゲラゲラ、ニコニコ、ニヤニヤ、クスクス、などの語を使い分けることで、それぞれ違った笑い方を示すことができる。逆にいえば、われわれが「わらい」というものをどのように分化してとらえているかが、それらの語に反映されているとも考えられるわけで、その意味で、擬音語・擬態語は、現象や感覚の認知され方を検討するための有効な手がかりとなり得るだろう。

たとえば、発達的にみて、なんらかの現象や感覚をあらわす擬音語・擬態語が早くから獲得されているとすれば、そのような現象あるいは感覚が早くから認知されていることの一つの証拠になろう。また、ある特定の現象・感覚についてみた場合、それをあらわすいろいろな擬音語・擬態語のうちどのようなものから獲得されてゆくかが明らかになれば、その現象・感覚の認知がまずどのレベルで始まり、どのように分化してゆくかを明らかにする手がかりとなろう。このような方法は、感覚を数量的に評価したり、程度の副詞などを用いて説明したりすることがそれほどうまくはおこなえないと思われる年少児を対象とする場合に、とりわけ有効だと考えられる。

◯従来の言語獲得研究では擬音語・擬態語をどうとらえてきたか

擬音語・擬態語の獲得過程について、このような観点から検討している研究はこれまであまりみられない。従来の発達研究では、擬音語・擬態語が独立した研究対象とされることはほとんどなく、他の名詞や形容詞と同じように語彙の一種として扱われることが多かった。そして、たとえば、いろいろな語が初語として産出された時期を記録し、それにもとづいて、最初に産出された語がその後どのように般化(あるいは分化)してゆくかというように、言語獲得の過程を明らかにしようとする研究が主流であった。しかも分析は、たいてい、人や事物に関する名詞、動詞、形容詞などが中心で、擬音語・擬態語のような語にはそれほど多くの関心は払われてこなかった。

もちろん、そういった研究でも、ある程度の数の擬音語・擬態語は、記録のなかに含まれている。初語として産出された語とその時期を比較的詳しく報告している前田・前田(1983)の研究をみてみよう。彼らがある子どもについてまとめた結果から、擬音語・擬態語と考えられるものをひろいだして、表9・1に示してみた。ここには、本書の一連の研究が対象としているXYXY型のもの以

表9・1　擬音語・擬態語が初めて産出された時期

（前田・前田，1983より抜粋）

	0；1〜	1；6〜	2；0〜	2；6〜3；0
変化・動き*	グーラグーラ(1；3) コチョコチョ(1；3) ポンポン(1；4)	パクット(1；6) パクパク(1；6) ゴチン(1；6) ブーラン(1；6) ポンテ(1；7) キューバタン(1；8) チュルチュル(1；9) ガチンテ(1；9)	サッサト(2；1) ブカブカ(2；3) ガッタン ギッタン(2；4) ギユウット(2；4)	バチリッコ(2；9)
音	ジャー(1；1) コツコツ(1；3) パチン(1；3) ブーンブーン ブー(1；3) パチャパチャ(1；4)	ブーブー(1；6) カーンカーン(1；8) クション(1；8) エーンエーン(1；8) バチッ(1；8)	ピッタン ピッタン(2；1) クチャクチャ(2；2) ジャボン(2；3) ギコギコ(2；3) リンリン(2；3) カーンカーン(2；4)	ゴシゴシ(2；6) パタパタ(2；6) ケケケバババ(2；6) シュシュ(2；7) バカンバカン(2；7) カサカサ(2；8) ガリガリ(2；8) キーコキーコ(2；9) ゲラゲラ(2；9) プクプク(2；9) キュン(2；9)
光			ピカッ(2；4)	
感覚				クタクタ(2；9)
形				ギザギザ(2；9)

外についてもとりあげてある。これをみると、1歳1ヶ月で「ジャー」という擬音語が産出されている。1歳3ヶ月になると、「コツコツ」、「パチン」などの擬音語や、「グーラグーラ」、「コチョコチョ」などの擬態語が産出されるようになる。その後、3歳までの結果が報告されているが、どうやら、このような順序で、環境内の物音やようすに関心が向けられ、認知されていっているようである。

量的には、この時期、擬音語の方が擬態語よりもやや多いようである。内容的には、水の音をはじめ身の回りの物音や動きに関するものが多くみられているが、3歳前になると、かなり種類も増え、いろいろなタイプの音やようすが認知されてきていることをうかがわせる。さらに、物事について外から見てわかるそのような特徴だけでなく、「クタクタ」という内面的な感覚に関する擬態語も2歳9ヶ月にはみられるようになっている。

このように、言語獲得に関するこれまでの研究からも、擬音語・擬態語の獲得過程について、ある程度の情報は得ることはできる。しかし、残念ながら、こういった研究では、産出された語が具体的に報告されているのは3歳程度までのことが多く、それ以降については、なかなか参考にできるデータが得られない。また、3歳ごろまでの時期には、先の表9・1に示されるように、擬音語・擬態語の産出数自体がそれほど多くない。そのため、ある現象についての複数の擬音語・擬態語の獲得順序を比較したりすることはむずかしい。そのような検討は、もっと年長の子どもを対象におこなう必要がありそうだ。

擬音語・擬態語の獲得過程

そこで、この章では、擬音語・擬態語の獲得過程を明らかにする第一歩として、5歳児以降の年齢を対象に、次のような二つの実験をおこなってみた。獲得過程を検討するといっても、擬音語・擬態語の数や種類は非常に多く、どのような切り口で検討するかが問題になる。

ここでは、系統的に整理する一つの方法として、まず、実験Iで、そのようすをあらわすのにある程度多数の擬音語・擬態語が用いられる現象・感覚をいくつかとりあげ、そのそれぞれをあらわす擬音語・擬態語でどのようなものを知っているか答えさせた。そして、答えられた語の種類や頻度を、5歳児、6歳児、小学生、大学生の年齢間で比較し、その発達的な傾向についての検討を試みた。

実験Ⅱでは、さらに、5、6歳児だけについて、その表現に擬音語・擬態語が多数用いられる現象・感覚について、そのそれぞれを最もよく連想させる擬音語・擬態語をとりあげ、それがどのようなもののようすをあらわす語であるかという理解の面についても検討した。

実験Ⅰ

実験Ⅰでは、第3章で述べた擬音語・擬態語に関する分析（469語の擬音語・擬態語に対する反応語にもとづく主成分分析）、および、泉（1978）、苧阪（1986）を参考にして、ある程度多くの擬音語・擬態語がその表現に用いられる現象や感覚のうち、その代表的なものとして次の11種類をまず選択した。すなわち、「歩くようす」「食べるようす」「話すようす」「目の動き」「泣くようす」「笑うようす」「痛み」「気持ち」「雨のようす」「風のようす」「光のようす」である。次に、実験時間を適切な長さにとどめる必要から、このなかから人の行動で外から観察できるものとして「笑うようす」、人の内的状態（感覚）として「痛み」、自然現象として「光のようす」の三つをさらに選択した。そして、それぞれについて「わらう」「いたい」「ひかり」を刺激語として呈示し、それをあらわす擬音語・擬態語を答えさせる産出課題をおこなった。

被験者は5歳児25名（男子13名、女子12名）、6歳児25名（男子12名、女子13名）（いずれも京都市内の幼稚園児）、小学3年生42名（男子18名、女子24名）、大学生50名（男女各25名）であった。

幼児については、幼稚園内の静かな別室に被験者を一人ずつ呼び、実験者としばらく簡単な会話を交わしたりしてその状況にまず慣れさせた。そして、その後、選択された「わらう」「いたい」「ひかり」の3語を順に口頭で呈示し、その各々について、「その音やようすをあらわすことばのうち、どのようなことばを知っているか」を答えさせた。課題に先立ち、ワンワン（犬の吠えるようす）、ピョンピョン（ウサギのはねるようす）、ペコペコ（おなかのすいたようす）などの語を例にあげて、XYXY型の擬音語・擬態語（教示では「繰り返して言うことば」という表現を用いた）を答えるように教示した。そして、まず、「怒る」という語を用いて簡単な練習をおこない、続いて、先の3語を呈示して反応を求めた。

各刺激語を呈示してから30秒を経過した時点、あるいは、被験者が「わからない」と答えた時点で次の刺激語へと移った。刺激語の呈示順は、「わらう」「いたい」「ひかり」の順でどの被験者に対しても同一にした。

小学生および大学生に対しては、集団で検査し、答えを用紙に記入させる方法をとったが、教示、練習などはほぼ幼児と同様である。制限時間は、各刺激語に対して2分間であった。

産出された語の内容とその頻度を幼児についてまとめたものが表9・2である［注1］。また、小学3年生、および大学生に関する結果は、刺激語ごとに表9・3～8に示されている［注2］。

表９・２　幼児における第一反応語とその産出者数（人）　(N＝25)

刺激語	反応語	5歳児	6歳児
わらう	ニコニコ	1	1
	ニッコリ，ニコッと	2	0
	キャーキャー	1	0
	ゲラゲラ	1	0
	ワンワン	1	0
	ワハハ，アハハなど	12	18
	その他	7	6
いたい	ウェーンウェーン	1	0
	ワンワン	1	0
	イタイ，イタタなど	7	13
	エーン	0	1
	なく	4	6
	その他	12	5
ひかり	ピカピカ	3	3
	キラキラ	0	3
	ピカー	1	1
	まぶしい	5	6
	ひかる	2	3
	あつい	1	2
	その他	13	7

まず、幼児の結果について表9・2をみると、どの刺激語に対しても、XYXY型の擬音語・擬態語の産出の頻度は、5歳児、6歳児とも低いことがわかる。なかでも、「いたい」に対しては、そのような擬音語・擬態語は全くみられず、産出頻度が高いのは、イタイ、イタタ等、その現象に付随して一般的に起こる発言に近い擬音表現、あるいは、「いたい」結果一般的によく起こる泣き声の擬音表現である。「わらう」に対しても、反応率の高いのは、ワハハ、アハハなど笑い声をあらわすのに一般的によく用いられる擬音語や表現である。「ひかり」に対

表9・3　「わらう」に対する小学3年生の反応
（N＝42）（表中数字は反応者数）

	第1反応	第2反応	第3反応	第3反応までの合計
ニコニコ	11	4	2	17
ゲラゲラ	5	2	1	8
ケラケラ	3	3	1	7
クスクス	1	3	1	5
ハハハハ	3	1	1	5
アハハハ	3	2	0	5
ニヤニヤ	0	2	1	3
ニタニタ	0	1	2	3

（第3反応までに産出した被験者数が3以上のもの）

表9・4　「わらう」に対する大学生の反応
（N＝50）（表中数字は反応者数）

	第1反応	第2反応	第3反応	第3反応までの合計
ゲラゲラ	11	8	2	21
クスクス	4	4	6	14
ケラケラ	4	7	0	11
ヘラヘラ	1	4	4	9
ハッハッ	6	1	0	7
ニコニコ	3	2	1	6
ニヤニヤ	0	2	4	6
ワハワハ	2	2	1	5
ワッハワッハ	2	1	2	5
ウフウフ	2	0	2	4
ニタニタ	0	0	3	3
ガハガハ	1	2	0	3
カラカラ	1	0	2	3
ハハハハ	0	3	0	3
ヒッヒッ	0	2	1	3

（第3反応までに産出した被験者数が3以上のもの）

表 9・5　「いたい」に対する小学 3 年生の反応
（N＝42）（表中数字は反応者数）

	第 1 反応	第 2 反応	第 3 反応	第 3 反応 までの合計
ヒリヒリ	4	4	0	8
エーンエーン	3	2	0	5
イタイイタイ	4	0	0	4
イタイタ	3	0	1	4
チクチク	1	2	0	3

（第 3 反応までに産出した被験者数が 3 以上のもの）

表 9・6　「いたい」に対する大学生の反応
（N＝50）（表中数字は反応者数）

	第 1 反応	第 2 反応	第 3 反応	第 3 反応 までの合計
チクチク	13	5	6	24
ヒリヒリ	8	7	6	21
ズキズキ	8	7	5	20
ガンガン	3	6	6	15
キリキリ	3	3	4	10
シクシク	4	3	2	9
ピリピリ	2	3	3	8
ズキンズキン	1	3	3	/
ジンジン	4	1	2	7
キンキン	1	1	2	4
ジクジク	0	3	1	4
ギリギリ	1	1	1	3

（第 3 反応までに産出した被験者数が 3 以上のもの）

しては、他の2語よりもXYXY型の擬音語が多く産出されているが、「まぶしい」「ひかる」など、ひかりのようす一般をあらわす語がやはり多くみられる。教示の理解が困難であったことももちろん考えられるが、この年齢では、各現象についてそれをあらわす一般的なことばは比較的簡単に思いつくが、各現象についてそのいろいろな側面を区別してあらわすような擬音語・擬態語は、現象語を呈示して答えさせる場合には、まだ、ほとんど頭に思い浮かばないようである。

このような傾向は、小学3年生でも少しみられている。たとえば、「いたい」（表9・5）に対してエーンエーン、イタイイタイ、イタイタが産出されているし、「ひかり」（表9・7）に対して「まぶしい」が産出されている。しかし、その産出頻度は、その現象・感覚それぞれについて特定の側面をあらわす擬音語・擬態語よりも、幼児に比べると相対的に低くなっている。つまり、小学生では、このような感覚や現象をいろいろな側面から区別してとらえることがより優勢になってきているようである。大学生では、現象に関する一般的な表現はほぼなくなっている。

さて、今度は、現象の特定の側面をあらわす擬音語・擬態語の内容についてみてみよう。どのような発達的傾向がみられるだろうか。まず、「わらう」についてみると、幼児の段階から、ニコニコやそれに類似したニッコリ、ゲラゲラがわずかながらみられている。さらに、小学生以降について表9・3、表9・4をみると、幼児でもわずかに産出されていたニコニコ、ゲラゲラが、小学生の第一反応（各被験者が第一番目におこなった反応）において幼児よりも少し高い割合で産出されている。加えて、小学生では、第一反応でケラケラ、クスクスなどがみられるようになり、第二〜三反応まで含めると、ニヤニヤ、ニタニタなどもわずかにみられるようになっている。

これらの語は、たとえば、苧阪他（1987）の多次元尺度法による分析では、以下のように解釈されている。すなわち、幼児の段階から早く産出されているニコニコは、笑いの表層・深層の中間的なもので、かつ、弱い笑いをあらわすものである。次に早くから産出されているゲラゲラは、表層的で強い笑いをあらわす。小学生で産出されるようになるケラケラは、表層的でゲラゲラより少し弱く、クスクスは弱い笑いだがニコニコより少し深層よりである。また、小学生でわずかに産出され始めるニタニタ、ニヤニヤは、深層的な笑いをあらわす。

したがって、この解釈にもとづけば、擬音語・擬態語の産出され方からみる限り、笑いのとらえかたは、幼児期の頃には、まず強・弱の違いにおいて、そして、その後、児童期にかけて、表層的な笑いから深層的な笑いへと分化してゆくことが示唆されよう。大学生になると、小学生までで産出されていた語がより多く産出されるようになり、かつ、ヘラヘラ、カラカラをはじめより多くの語がみられるようになる。小学生の段階よりも、さらに多様な側面で認知が深まってゆくと考えられる。

次に、「いたい」についてみてみよう。幼児においては、その特定の側面をあらわす擬音語・擬態語がほとんど産出されないことはすでに述べた。それでは、小学生以降はどうだろうか。表9・5をみると、小学生でも他の二つの刺激語に比べて産出語数は少ないものの、擬音語・擬態語がいくつか産出されている。最も多く産出されているのはヒリヒリで、イタイイタイなどをはさんで、チクチクも産出されている。苧阪他（1987）によれば、ヒリヒリは、表層・深層に関しては中間的で強い痛みを、チクチクは同じく表層・深層の中間的なもので弱い痛みをあらわすとされている。一方、表9・6をみると、大学生では産出語数そのものも多くなっているが、相対的にみると、小学生でも産出されていたチクチク、ヒリヒリが多く産出され、ズキズキ、ガンガン、キリキリ、シクシクなどが新たに加わってきている。苧阪他（1987）によれば、ズキズキは痛みの強さは中間的だが表層的なもの、シクシクは同じく強さは中間的だが深層的なものと位置づけられている。したがって、これらの結果からみれば、幼児では痛みのいろいろな様相についてはまだそれほど分化されてとらえられていないが、小学生ごろまでには強・弱にもとづいて、そして、その後、表層的・深層的といった面にもとづいてもとらえられるようになることが示唆されている。

同様に「ひかり」について、まず表9・2をみると、5歳児でもピカピカやピカーが、6歳児ではそれに加えてキラキラが産出されてきている。また、表9・7をみると、小学生では、幼児でも産出されていたピカピカ、キラキラが比較的多く産出されており、加えて、ギラギラ、チカチカ、パチパチなど、光り方にバリエーションが出てきている。表9・8の大学生では、さらにそれに加えて、ギンギン、ランラン、コウコウ、パッパッなどもみられるようになる。「ひかり」に関する擬音語・擬態語は苧阪他（1987）では解釈されていないので、このような年齢による変化を明確に説明することはできないが、直観的にいえば、光の強・弱、継続性（断続的・持続的）などの面でそのとらえられ方が多様化してきているように思われる。

ところで、発達的な変化についてこのような解釈をおこなおうとする場合、たとえば、幼児がニコ

表 9・7　「ひかり」に対する小学 3 年生の反応
（N＝42）（表中数字は反応者数）

	第 1 反応	第 2 反応	第 3 反応	第 3 反応までの合計
ピカピカ	27	4	2	33
キラキラ	1	11	3	15
ゴロゴロ	2	6	3	11
ギラギラ	0	1	5	6
チカチカ	2	0	1	3
パチパチ	2	1	0	3
まぶしい	0	2	1	3

（第 3 反応までに産出した被験者数が 3 以上のもの）

表 9・8　「ひかり」に対する大学生の反応
（N＝50）（表中数字は反応者数）

	第 1 反応	第 2 反応	第 3 反応	第 3 反応までの合計
ピカピカ	28	8	7	43
キラキラ	15	11	5	31
ギラギラ	1	6	10	17
テカテカ	1	7	2	10
サンサン	1	2	3	6
ビカビカ	0	4	2	6
チカチカ	0	4	1	5
アカアカ	1	1	2	4
ギンギン	1	0	2	3
ランラン	1	2	0	3
コウコウ	0	1	2	3
パッパッ	0	1	2	3

（第 3 反応までに産出した被験者数が 3 以上のもの）

ニコ、ゲラゲラという語であらわす内容と大人がそれらの語であらわす内容とが同じであるかどうかという問題がある。このような語の指示する意味内容にみられる発達的差異の問題は、これまでにも、事物をあらわす普通名詞の意味内容に関する研究でかなりの検討がおこなわれている。そして、そのような研究では、一般的にみて、その語で指示される意味内容のうち、周辺的なものに関してはいくらか年齢による差異がみられるが、中心的なものについてはそれほど大きな差はみられないのではないかと指摘されている（たとえば、Rosch, 1973など）。もちろん、擬音語・擬態語で指示されるものは、事物をあらわす普通名詞で指示されるもののように対象が持続して示されるのではなく、より短時間しか続かない「もののようす」であることから、よりとらえられにくいとも考えられる。そのため、普通名詞の場合よりも発達的な差異の大きい可能性はある。

また、ここでは、擬音語・擬態語の産出のされ方から、それぞれの現象・感覚に関する認知の分化過程を推察してきたわけだが、たとえば、いろいろな笑いの表情の写真等を実際に用意して該当するものを選択させるなど、課題を工夫すれば、より低い年齢での分化が示されるかもしれない。そのような場合でも、ここでみられた発達的な順序がやはりみられるのかどうかは、関心のもたれる点である。研究方法の吟味も含めて、今後の検討がのぞまれる。

実験II

実験IIでは、擬音語・擬態語がその表現に多く用いられる11の現象・感覚（実験Iの方法の部分で示されている）のそれぞれについて、各現象・感覚をよく代表するものとして、各現象をあらわす語が最も高い頻度で連想される擬音語・擬態語をそれぞれ1語ずつ選択し、それらの語に関する理解を幼児において検討した。この刺激語の選択は、苧阪（1987）の逆検索基準表にもとづいておこなった。

選択されたのは、テクテク（「歩く」という語を最もよく連想させている。以下同様）、ムシャムシャ（食べる）、ペラペラ（話す）、ギョロギョロ（目）、シクシク（泣く）、クスクス（笑う）、キリキリ（痛い）、ソワソワ（気持ち）、ザアザア（雨）、ヒュウヒュウ（風）、ピカピカ（光）である。ただし、「気持ち」については、「不安な」、「うれしい」などその具体的なようすを反応語とするものがほとんどだったので、それらの反応語のうち、連想頻度が高く、かつ気持ちに固有な反応語と考えられる「落ちつかない」を最も高頻度に連想させていたソワソワを選択した。また、たとえば、痛みをあらわす反応語といっても、「痛い」だけでなく、「痛み」、「痛む」など意味の類似した反応語が複数得られていることが多い。そのような場合には、先に（　）内に示した語を中心としながらも、関連する反応語も考慮した上で、それらを最頻反応語とする擬音語・擬態語を刺激語として選択した。

被験者は実験Ⅰの被験者と同一の幼児（5歳児、6歳児、各25名）[注3]であった。幼児には次のような教示が与えられた。

「それでは、今度は、先生が、音やようすをあらわすことばをいろいろ言いますから、それがどんなもののようすをあらわしているか、または、どんなことをしているようすをあらわしているか考えて答えてください」。

実験者は選択された11の刺激語を1語ずつ口頭で呈示した。刺激語の呈示順は被験者ごとにランダムにした。

呈示された擬音語・擬態語に対する反応のうち、反応率8％以上（2人以上がそう回答した）のものの内容とその割合を表9・9に示す。分析を進めるために、ここでは、それらの擬音語・擬態語で通常表現される現象と考えられる反応を一応正反応とし（表9・9中では◎印で示してある）、その割合を合計してみた。したがって、ここでの正反応の検討は、その語が各現象・感覚のどの特定の側面を示しているのかという点の検討にまでは至らず、それらの語がどのような現象をあらわすものかについて、まず大まかに理解しているかどうかの検討をおこなうものである。

さて、表9・9をみると、正反応率の年齢による変化のしかたから、検討された11の刺激語は、大きく以下の四つのグループに分けることができる。

グループA――ムシャムシャ、ピカピカ、ザアザアなど、両年齢を通じて比較的正反応率が高いもの。

これらの語は、5歳の段階から、かなり正しく理解されていると考えられる。

グループB――テクテク、シクシク、ヒュウヒュウなど、5歳では正反応率が50％程度だが6歳ではか

表 9・9　擬音語・擬態語に対する反応とその割合（%）
（反応率 8 %以上のもの）

		5歳児		6歳児	
テクテク	◎歩く	40		92	
ムシャムシャ	◎食べる	80		96	
	むし	8		0	
ペラペラ	◎しゃべる	4	12	32	40
	◎紙がめくれる，他	8		8	
	なめる	16		8	
	ベロ（舌）	12		0	
	アメ	8		4	
ギョロギョロ	◎目～	12	12	24	32
	◎見る	0		8	
	カエル	16		0	
	ヘビ	8		8	
シクシク	◎なく	56		76	
クスクス	◎笑う	4		20	
	くすぐったい	16		24	
	くすぐる	8		4	
	なく	8		8	
キリキリ	◎痛い	4	8	4	16
	◎しみる，他	4		12	
	キリン	20		4	
	キリギリス	8		16	
	切る	8		16	
ソワソワ	◎急いでる	0		4	
	風	8		4	
	泳いでる	8		4	
	はっぱがなる	0		8	
ザアザア	◎雨	40	72	36	64
	◎川・滝・波	12		28	
	◎お湯・水	20		0	
	砂	4		8	
	風	0		8	
ヒュウヒュウ	◎風	56		76	
ピカピカ	◎光る・～が光る	44	80	48	80
	◎電気・お日さま・星	28		24	
	◎カミナリ，他	8		8	

なり高くなるもの。これらの語については、5歳でも半数程度が正しく理解しており、さらに6歳までの間にいっそう理解の進むことが示されている。

グループC――ペラペラ、ギョロギョロなど、5歳では正反応率が低く、6歳ではそれより少し高くなるもの。これらの語は、5歳から6歳の間に理解が進んではいるが、6歳でもまだそれほどよく理解されていないようである。

グループD――クスクス、キリキリ、ソワソワなど、6歳でも反応率の非常に低いもの。これらの語についての理解は、6歳以降に進んでゆくと思われる。

ここで検討されているのは各現象を連想しやすいドミナントな擬音語・擬態語であるが、少なくともこれらの語に限っていえば、キリキリ、ソワソワなど、人の内面的な状態(痛みや気持ち)に関する擬態語は、それがどのような現象に関する語であるかという面だけについてみても、その理解の時期は比較的遅いことが示唆されている。このうち、痛みについては、実験Ⅰでも同様の結果が得られており、注目されよう。人の行動のようすや自然現象をあらわす他の擬音語・擬態語は、行動や現象の種類によって獲得される早さが異なるようであり、今回とりあげた範囲では、とくに一定の傾向は読み取れない。

一方、理解課題における正反応以外の反応を表9・9でみてみると、刺激語との音韻的な類似性がかなり明らかなものがいくらか認められる。ムシャムシャに対する「むし」、クスクスに対する「くすぐる」、キリキリに対する「キリン」「キリギリス」などがそうである。

また、刺激語の音韻から受ける印象にもとづいて反応しているのではないかと推察できるものもかなりある。ギョロギョロに対する「へび」、ソワソワに対する「風」「泳ぐ」「はっぱがなる」、ペラペラに対する「なめる」、ザアザアに対する「砂」などがそうである。一般的に、言語獲得初期には、語に含まれる音韻から得られるイメージにもとづいた擬音・擬態表現が多くみられるが、次第に社会的に同意された擬音語・擬態語が使用されるようになることが指摘されている（泉、1978）。

たとえば、初めて聞いた牛の声を「オーオーないた」といったりするが、やがて『モーモーないた」と言うようになる。ここであげた反応には、そのような社会化された用法が獲得される以前に、幼児が音韻から得ているイメージが反映されていると考えられる。しかも、このような反応が大人でもかなり理解できるということは、音韻から得られるイメージが大人と子どもでかなり類似しているということを示唆している。これは、感覚表現において擬音語・擬態語が年齢を問わずすぐれた機能をもつとされていることと関連しているかもしれない。

10章 幼児の発話にみられる擬音語・擬態語

われわれは擬音語・擬態語をいつごろから、どのように発話のなかで使い始めるのだろう。外界の音と音声との間に具体的な類似性をもつ擬音語は、知覚された、あるいは、知覚しようとする感覚刺激と音声との間に、より抽象的で、象徴的な類似性をもつ擬態語より早く使われるようになるだろうか。また、擬音語・擬態語は、語とその語の指示内容が必ずしも恣意的とはいえないので、一度も見聞きしたことのない擬音語・擬態語でも即座に理解できるし、独創的な擬音語・擬態語を創り出すこともできる。この性質を利用して、テレビのCMなどの広告にはユニークな擬音語・擬態語をコピーに用いて人目を引いているものが多くある。幼児も独創的な擬音語・擬態語を創り出して発話に使うであろうか。また、擬音語・擬態語はわれわれが感覚器官を通じて知覚する外界の刺激を直接的に表現する語である。われわれの外界の知覚のしかたは脳機能の発達に従って徐々に分化していくと思われるが、発話に用いられる擬音語・擬態語を調べることによって、そのようすをうかがい知ることができるだろうか。さらに、おとなが2~3歳の幼児に話しかけるとき、知らず知らずのうちに、あるいは、意識的に、通常の名詞、動詞を使うかわりに擬音語・擬態語を使うことが多いのではないだろうか。たとえば、「ほら、ボールこっちに投げて。」と言うかわりに、「ほら、ボールこっちにポンして」と言ったりする。これは、擬音語・擬態語を使った方が幼児にはわかりやすいとおとなが考えているからであろう。このようなおとなの話しかけ方は、当然、幼児の発話に影響を与えていると思われるが、それはどのような影響だろうか。

このように、擬音語・擬態語にまつわるいろいろな疑問がつぎつぎに湧き出てくる。これらの疑問は、われわれの外と内の世界の状態や変化をわれわれがどのように知覚し、認識するようになるのかという大問題に集約されるように思われる。そして、擬音語・擬態語がその問題に深くかかわっていることがわかる。ところが、残念ながら、「犬」や「車」といった名詞、「食べる」や「遊ぶ」といった動詞、数や大きさなどの概念をあらわす語など、幼児の言語発達の中核をなす語については研究も多く、実際に幼児が話したプロトコルも報告されているが、擬音語・擬態語に焦点を当てて、具体的なプロトコルを公に報告した研究がないので、これらの疑問に的確に答えることができないのが現状である。

そこで、この章では、筆者の娘(以下、「Kちゃん」と呼ぶ)が2歳7ヶ月と3歳6ヶ月のときの自発的発話にあらわれた擬音語・擬態語を集めて、上記のさまざまな疑問に答える手がかりを模索するための資料を提供しようと思う。言語の発達のしかたは運動の発達と比べて非常に個人差が大きく、一個人のデータだけで、即、一般的な傾向を論じることはできない。しかし、その個人の発話の発達的変化を調べることで、一般的な傾向を論じる手がかりが得られると筆者は考えている。また、いろいろな理論の枠組みでこれらの擬音語・擬態語の発達的データをとらえることができるであろうから、ここでは特定の理論によらず、生のままのデータをそのまま掲載して、これを読まれた読者それぞれの興味と視点で自由に解釈していただきたいと考える次第である。

◑擬音語・擬態語をどのように収集したか

Kちゃんは、1988年8月31日生まれ。出生時の体重は3166キログラム。以後、順調に発育、成長している。父母と、Kちゃんが1歳9ヶ月のときに生まれた弟との4人家族で、当時、U市に居住。Kちゃんの新版K式発達検査による発達指数（DQ）は、2歳9ヶ月時で100、3歳6ヶ月時で102である。Kちゃんは、1歳7ヶ月で1語文（「バイバイ」）、2歳0ヶ月で2語文（アンパンマンのビデオを見たいことを表現して、「アンパンマン　ミユ」）、2歳3ヶ月で3語文（母が弟にミルクを飲ませようとしているのを見て、「マークン　ミルク　ジカン」）を話し始めている。

さて、表10・1に2歳7ヶ月時（1991年3月16日～4月15日）の、表10・2に3歳6ヶ月時（1992年2月15日～3月15日）のKちゃんの自発的発話に出現した擬音語・擬態語を示した（章末）。なお、同じ音声表記の語であっても、それらの語が指示している内容が異なる場合は、別の語として扱った。筆者は、それらの擬音語・擬態語を、その語が出現した状況、対話の場合は相手の発話も含めたKちゃんのプロトコル等を筆記によって記録し、収集した。ただし、2歳7ヶ月時では、U市の実家で、父母、弟との4人の生活であったが、3歳6ヶ月時では、父の仕事の都合で、母の実家であるO市で、祖父母と叔父、母と弟との6人の生活であった。

●2歳7ヶ月時の擬音語・擬態語

福田・苧阪（1991）は、表10・1のデータをまとめて、2歳7ヶ月時のKちゃんの擬音語・擬態語の特徴を報告している。それを参考にしながら、ここで、この時期の擬音語・擬態語について概観してみよう。

まず、Kちゃんが最初に擬音語・擬態語らしき語を発話したのは1歳10ヶ月で、母につき添われてトイレに行き、水洗の水が流れるのを見ながら、それを指さして、「ジャー」といったときである。その後、数は少ないが擬音語、擬態語ともに発話に出現するようになった。喃語期に、Kちゃんが実際の物理的な音を模倣して発声していたかどうかは、十分な観察がなされていないので、なんともいえない。しかし、日本語の音韻規則に則った語が発話され始めると、擬音語・擬態語が発話され始めているといえよう。ニワトリの鳴き声を音声表現したKちゃんの発話をみてみると、「コココッコー」であり、犬は「ワンワン」であって、英語の「cock-a-doodle-doo」や「bowwow」ではない。つまり、擬音語・擬態語は、実際の物理的な音と音声との間にある類似点を見いだして、音声でその物理的な音を模倣するだけでなく、その言語の音韻規則に従っていて、それを聞いた他者にその意味が容易に理解できることから、まさに、語であるといえる。

さて、表10・1には52語［注1］の擬音語・擬態語があるが、その語が聴覚刺激以外の感覚刺激についての表現であっても、そこに聴覚がかかわっていることが多いことがわかる。母親が米をとごうとしているのを見て、自分もやりたくなったKちゃんは、「オコメ　ゴリゴリスル」といっている。米をとぐときに、母親はKちゃんに、「ゴシゴシといでください。」と幾度か言ったようであるが、「ゴリゴリ」と言ったことはなかった。ただ、すり鉢でごまをするときには、「ゴリゴリしてください。」と母親はKちゃんが持つすりこぎを支え持ちながら言っているし、ごまをすること、ごまをすりたいことを、Kちゃんは、「ゴリゴリスル」と言っている。米をときたいと要求するKちゃんは、米をとぐ行為に注目しているのであるが、米をとぐ動作、手に当たる米の感触と同時に、ごまをするときと米をとぐときに出る物理的な音の類似性や、母親の発話との類似性を考慮して、米をときたいことを「ゴリゴリスル」と言ったのである。

このような聴覚のかかわりは、明らかな擬音語を含めて、全体の半数におよぶ。さらに、Kちゃんは、にんにくの醤油漬けを食べたくて、「バリット　カタイノ　タベンノ」と母親に要求している。また、にんにくの醤油漬けそのものを「バリバリ」と命名しているが、にんにくの醤油漬けそのものをこのように命名したことも、それを「バリッと食べる／かむ。」と、Kちゃんの周囲の大人が言ったことはなかった。ただ、硬いおかきを食べるときに、父母が「バリッと／バリバリッと食べて／かんで／かじってください。」と言ったことはあった。このように、周囲の大人などが使ったことがない、独創的な語はほとんど擬音語であるといえる。予想どおり、擬音語が擬態語より使われやすいようである。

また、Kちゃんは、長さを変えることができる蛍光燈の紐を引っ張って伸ばしたいときに、「スルスル」と言っている。これは、父母が、Kちゃんに「スルスルしてください。」、「スルスルッと（紐を）引っ張って（ください）。」とよく言うからである。このような聴覚とかかわりをもたない擬態語をみてみると、Kちゃんが、大人などが使っている擬態語を、その語を使った人と同じように使っていることがわかる。これは、父母が幼児に擬音語・擬態語をよく用いることを示している。そして、「スルスル」の場合では、Kちゃんは、「引っ張る」と同義の「スルスル」という動詞を使っているのだと考えてよいように思える。つまり、修飾語としての擬音語・擬態語ではなく、動詞そのものとして使っているといえるのである。ただ、「スルスル」の場合でも、父母は、Kちゃんに「（紐を）引っ張って（ください）。」と、ふつうに言う場合もあるので、Kちゃんが、どうして「引っ張る」を使わず、「スルスル」を使うのかということは、興味ある問題である。

ところで、発話された擬音語・擬態語の58％は、自分の動作と一体となった語であり、それらのほとんどの語は、発話時に実際の動作を伴っていた。佐々木（1987）は、われわれの知覚や認識に、われわれの「からだ」が積極的なはたらきをしていると主張している。動作と一体となった擬音語・擬態語は、「車」のことを「ブーブー」と言ったり、「犬」のことを「ワンワン」と言ったりする、いわゆる幼児語のように発達が進むと使われなくなるという性質の語ではない。たとえば、服にアイロンをかけるときに必要な、霧吹きを取ってもらおうとして、とっさに「霧吹き」という名称が出てこないとき、霧吹きで霧を吹くような手付きをしながら、「シュッシュッてするやつ取って。」と言ったりすることがあるだろう。このように、大人でも、動作と一体となった擬音語・擬態語を使うことがよくある。このような擬音語・擬態語は、動作とより抽象的な言語表現とのあいだに位置するような語であるのかもしれない。

さらに、たとえば、入浴中に石鹸で足元が滑ることを言った、「ツルツル」のような、直接動作と結びつかないし、聴覚にかかわりももたない語の数は少なく、このような感覚表現を自在に言語でおこなうことは、この時期ではむずかしいことがわかる。

◐3歳6ケ月時の擬音語・擬態語

次に、福田・苧阪（1992）は、表10・2のデータをまとめて、3歳6ヶ月時のKちゃんの擬音語・擬態語の特徴を報告している。それを参考にしながら、ここでこの時期の擬音語・擬態語について考えてみよう。

表10・2には、157語［注2］の擬音語・擬態語がある。11ヶ月のあいだに発話された擬音語・擬

態語の数が、3倍になっている。このうち、動作と一体となった語は全体の50%で、聴覚、視覚、触覚の表現と続く。動作と一体となった語は、割合としては前時期より減少しているが、このことは、体の動きを伴わない感覚刺激の知覚表現が多くなったことを示している。また、Kちゃんは動物図鑑に載っているペキンコーチンの絵を指さして、「フワフワダネ」と言っているが、このように、直接聴覚にかかわりをもたない知覚表現も増加していることがわかる。とくに、注目すべきことは、たとえば、飲んだジュースがのどもとから食道を通っていく感じを表現した、「ゴワゴワッテナッタヨ」や、足がしびれていることを表現した、「ブルブルッテナッテルヨ」というような、前時期ではみられない、自分の体内の感覚について発話するようになったことである。

石黒(1993)は、擬音語・擬態語の発生に関する問題を整理するなかで、言語というシンボル媒体とそれが指示している対象との間に「身体化された図式(embodied scheme)」の存在を仮定する考え方に立ち、擬音語・擬態語は、その身体化された図式に発せられた音声であると述べている。彼のあげた観察例を以下に引用する。

ある2歳6ヶ月児は長いフライドポテトを吸い込むようにして食べた後、「これおそばみたい」と言った。そしてその理由を尋ねると「だって『ズズズーって食べるもん』」と述べた。「ズズズー」はそばを指しているのでも、そのときのそばを食べるという具体的な行為そのものを指しているのでもない。吸い上げるという抽象的な「身体化された図式」を指しているのだ。

このような「身体的な図式」が、どんな種類のものから、どのように成立していくのかを発せられた擬音語・擬態語から推察することができるだろう。Kちゃんが自分の体内の感覚を擬音語・擬態語で表現しだしたことは、前時期にはみられなかった新たな質の図式が成立し始めていることを物語っている。

さらに、独創性の高い語の発話時の状況をみてみると、「エーット」、「アノネ」、あるいは無言で言いよどんで、Kちゃんがそのときの自分の感覚をうまくあらわすことのできる語を捻出しようとしているようすがうかがえる。このことは、Kちゃんが、単に大人の擬音語・擬態語の使い方を模倣するだけでなく、自分の知覚にふさわしい言語表現をするために必要な、擬音語・擬態語の象徴的な特徴をすでにある程度獲得していることを示している。

しかし、たとえば、「頭がズキズキする」、「歯がシクシクする」というような痛みの表現、「ワクワクする」、「ホッとする」というような感情、心情表現はまだみられない。痛みのような体内の感覚や感情、心情といった情動の変化について言語表現するのはおとなでもむずかしい。それらは机や食べ物のように目に見えるわけではなく、物理的な音も聞こえないし、手で触れることもできない。そのために、それらの刺激を他人と直接分かち合うことができない。たとえば、頭が痛いときに幼児が「アタマガ　イタイ。」と訴えると、母親は、「頭痛いの。ずきずきする?」とか、「すきずきするでしょう。かわいそうに。つらいねえ。」とか言ったりする。そのうち、その幼児は、その頭痛について「ずきずきする」という言い方を獲得する。そして、その表現を使ってみて、他人に理解されると、以後その表現を使うようになると思われる。

しかし、ふつうは、自分が言語表現した痛みが、その言語表現を受け取った他者が感じとった痛みと同等のものであるかどうかを直接確認する手段はなく、曖昧なものである。そのような曖昧なものの言語表現は、さまざまな状況のなかでそれが特定の状況を示すものであることを学習することによって獲得されるといえる。Kちゃんが、3歳6ヶ月の時点ではまだそのような表現ができずにいることは、直接他者と分かち合うことのできないものを言語表現することのむずかしさ、それらの表現を学習することのむずかしさを示している。

ところで、表10・1、10・2の擬音語・擬態語を読んで、読者はどのような感じをいだかれたであろうか。2、3歳の幼児が使う擬音語・擬態語がバラエティーに富んだものだと思われたであろうか。あるいは、予想に反して、かなり限定された使い方しかできないと思われたであろうか。いずれにしても、Kちゃんが日常の発話に使った擬音語・擬態語に触れることで、擬音語・擬態語がどのように使われていくのか、言語はどのように獲得されるのか、人が世界をどのように認識するのかなど、読者それぞれの興味ある問題を考える上で、なにか新しい視点や手がかりが得られれば幸いである。

表10・1－❶　Ｋちゃんの自発的発話にみられた擬音語・擬態語（２歳７ヶ月時）

擬音語・擬態語	発話の状況と表現内容
◆音や鳴き声，音声をまねて表現	
エーン（ト　ナクノ）	アニメの一場面のように泣くまねをして
グヒィ（子音のみ）	アニメのキャラクターの音声を思い出してまねて
ココココッコー	鶏が鳴いているのを聞いて，その鳴きまねをして
ジ（ダ）ャジャジャジャジャー	弟の喃語を聞いて，そのまねをして
ジャッ	アニメの井戸の水を汲み上げる場面を再現し，ポンプの柄を動かすまねをするたびに
バタバタ	鶏を見たことを報告して，両腕を上下させながら鶏の羽ばたく音を表現
ピー（ト　ナッタ）	すわると音が出る子供用のいすにすわったときに鳴った音を表現して
ワンワン	犬の鳴き声を聞いて，その鳴きまねをして
◆動作を表現	
クチャクチャ（シテネ）	キャベツの葉を両手で丸める仕草をしながら，そのようすを表現して
クチャクチャ（スル）	新聞広告を両手で丸めながら
グチャグチャ（スル）	母が挽肉をこねているところに来て，自分もこねたいと要求して
グチャグチャ（スル）	目前の母のように手動のポンプで灯油を入れたいと要求して
グルッ（ト　マイマイ）	自分自身がまわる直前や，まわりながら
グルッ（ト　マイマイ）	障害物をさけたり，回り道をする直前やその最中に
グルッ（ト　マイマイ）	容器のふたやねじをまわして開けることを要求したり，自分で開けるときに
ゴシゴシ（シテル）	テレビでスカーフを洗濯している場面を見て，そのようすを表現して
ゴシゴシ（スル）	母が風呂場でたわしですのこを洗っているのを見て，それをしたいと要求して
ゴリゴリ（スル）	米をとぎたいと事前に要求して
ゴリゴリ（スル）	ゴマをすりたいと事前に要求して
ゴロン（スル）	寝ころぶことを表現して
ジリンジリン（シヨ）	神社の境内で，拝殿前で鈴を鳴らし，合掌することを要求して
スルスル	引くと長くなる蛍光灯のひもを引きながら
スルスル	引くと長くなる蛍光灯のひもを引っぱりたいと事前に要求して

表10・1－❷　Kちゃんの自発的発話にみられた擬音語・擬態語（2歳7ヶ月時）

擬音語・擬態語	発話の状況と表現内容
チリンチリン（シヨ）	神社の境内で，拝殿前で鈴を鳴らし，合掌することを要求して
チン（シヨ）	パチンと音がする電灯のスイッチを入れたいと事前に要求して
ピンシャン（　ヤメナサイ）	弟が寝ころがってちゃぶ台を両足で蹴っているのを注意して
ブチブチ	着ている服のスナップをはずしたことを母に指摘されて，それを白状して
◆事物のようすを表現	
ギザギザ（　カクノ）	クッキーの抜き型の形を思い出して表現して
ギザギザ（ノ　ヤツワ?）	クッキーの抜き型の形を思い出して表現して
クチャクチャ	弟が新聞を両手で丸めたり，引っ張ったりしているようすを表現して
グチャグチャ	目前で服が畳の上に散乱しているようすを表現して
グチャグチャ（ヤ）	母が手動のポンプで灯油を入れているようすを表現して
ゴシゴシ	テレビででスカーフを洗濯している場面を見て，そのようすを表現して
ツルツル	風呂場で床が石鹸で足がすべる感触を表現して
バリッ（ト　カタイノタベンノ）	冷蔵庫内のニンニクのしょうゆ漬けを食べたいと要求し，その歯ごたえを表現して
バリバリ	目前のニンニクのしょうゆ漬けを命名して
ブーブー（デ　イコ）	車のこと
ベチャベチャ	道路にできた水たまりを見て，そのようすを表現して
ベチャベチャ	服やテーブルの上が液体でぬれているとき，それを指して拭うよう要求して
ベチャベチャ	自分の手足が液体でぬれていることを表現し，手足を突き出して拭うよう要求して
ベチョベチョ	服やテーブルの上が液体でぬれているとき，それを指して拭うよう要求して
ベチョベチョ	自分の手足が液体でぬれていることを表現し，手足を突き出して拭うよう要求して
ボツボツ	ゆでたタコの足の吸盤を指しながら，そのようすを表現して
ボツボツ（ヤ）	母の額の吹き出物を指しながら，そのようすを表現
ワンワン	犬の鳴き声を聞いて，犬がいることを報告して

表10・1－❸　Kちゃんの自発的発話にみられた擬音語・擬態語（2歳7ヶ月時）

擬音語・擬態語	発話の状況と表現内容
◆動作に伴ったかけ声のような表現	
クチャクチャ	新聞広告を両手で丸めながら
ゴロン	寝ころびながら
ジャー，ジャー	引くと長くなる蛍光灯のひもを引きながら
ジャブジャブ	ひとり遊びで，ぬいぐるみをお風呂に入れるまねをしながら
ノッシノッシ	四つんばいになって前進しながら
ポリポリ	自分の太ももを指で掻きながら
ポン	両足飛びで飛びながら

表10・2－❶　Kちゃんの自発的発話にみられた擬音語・擬態語（3歳6ヶ月時）

擬音語・擬態語	発話の状況と表現内容
◆音や鳴き声，音声をまねて表現	
ウェーンウェーン（テ）	鳴く仕草をしながら，自分が泣いたときのことを再現して，泣きまねをする
ウッウッウッウッ（テ　ナイテタヨ）	動物園で見たオットセイの鳴き声を再現して
カアカア	カラスの鳴き声を聞きながら，それをまねて
ガラン	紙の時計を手でもって振りながら，鐘の音を表現して
グウーッ（テ　ナッタヨ）	空腹時に鳴ったおなかの音を直後に表現して
コン	影絵用に両手でつくった狐の口を開閉させるごとに，鳴き声をまねて
ゴツン（　ユウタヨ）	弟が頭をぶつけたのを目撃し，その音を表現して
シュルシュルッ（テ　ヤカマシイヨ）	笛付き風船が放たれたときの音を直後に報告しに来て
パーン（ト　ワレナイヨ）	風船遊びの最中に，風船がわれる音を想像して
パリパリパリ	祖父がたくわんを食べている音を聞いて
パン（ト　ユウタヨ）	マンホールのふたを踏んだときに出た音を直後に表現して
ヒューッ（テ　ナッタヨ）	笛付き風船から出る音を説明して
ピー	色板で作った船の出発を笛の音まねをして合図する
ピィーピィー（　ユウテルヨ）	オカメインコが鳴いているのを聞いて
ピィーピィーッ（テ　ユウテルヨ）	オカメインコがかん高く鳴いているのを聞いて
ピッピッ（テ）	車が後進するときに出る警告音を聞いて
ピポ	公園を散歩中，聞こえる野鳥の鳴き声をまねて
ピュー	鳴いてるボタンインコの鳴き声をまねて
フィーフィー（　ユウテ）	動物ごっこで，ヤギの鳴き声をしてくれるよう要求して
ブー	遊びで，車のような機械が動き出す音を表現して
ブブブブ	遊びで，車のような機械が動き始める音を表現して
ホーホー	朝，トイレでフコロウの鳴きまねをして
ホーホーッ（テ　ナクヨ）	朝，トイレでフコロウの鳴きまねをして
ポカン（ト　ナッタヨ）	自分の膝の関節が鳴った音を直後に報告して
メエーメエー（　ユウテ）	動物ごっこで，ヤギの鳴き声をするよう要求して
ワン	影絵用に両手でつくった犬の口を開閉させるごとに，鳴き声をまねて
ワンワン	犬の鳴き声を聞いて，それをまねて

表10・2-❷　Kちゃんの自発的発話にみられた擬音語・擬態語（3歳6ヶ月時）

擬音語・擬態語	発話の状況と表現内容
◆動作を表現	
ガチャガチャ（シテルダケ）	鼻の頭を手でかくことを表現して
カチン（ツテ　ツカウノヨ）	鍵に見立てた積み木の使い方を説明して
ガラガラ（シテンノ）	櫛を歯に当て，歯磨きのように左右に動かすことを表現して
ギッコンバッタン	遊具でシーソーのようにして遊ぶことを事前に表現して
ギッコンバッタン（シヨカ）	二人で手をつないでする腹筋運動をしようと主張して
グルグル（マキマキシテヤルゾ）	ひもを手に持って，人の体にひもを巻きつけることを表現して
グルグルッ（テ　ヤッテ）	折り畳んだ傘をさし出し，ついてるひもで巻いて止めて傘をまとめることを要求して
ゴリゴリ（シタラ　アカンデショ）	母がカセットテープの穴に鉛筆を差し込んでまわしたことを思い出して
ゴリゴリ（シテルダケ）	鼻の頭を手でまるくこすることを表現して
ゴリゴリ（ダケ）	爪を切ってもらっているとき，自分で爪切りのヤスリで爪をこすることを表現して
ゴロン（ト　シテ）	寝ころぶことを直前に予告して
ゴロンゴロン（シテルダケ）	うつ伏せになって，体を左右にゆらしながら
ゴロンゴロン（シテ）	大きな雪だるまを転がすまねをすることを要求して
シュウルッ（ト　スンノ）	風船遊びの中で，膨らました風船の口をはなして，風船を飛ばそうと主張して
ジャー（ドウスル／スル）	用を足してから，自分で水洗トイレの水を流すことを主張して
ジャブジャブ（　シタゲル）	洗面器の中でタオルを湯ですすぎながら
チュッチュッ（ト　シテ）	苺をつまんで砂糖をつける仕草をしながら，そのようすを表現して
ノッシノッシ（シテヨ）	四つんばいの母の上にのって，前進すること要求して
バタバタ（シタゲル）	うちわを手にして，うちわであおぐことを事前に
バラバラ（ニ　シタラアカンヨ）	おもちゃが入った袋を持ちながら中身を散らかさないよう注意されることを先取りして
パクッ（ト　シタラ）	つまんだ苺を口に放りこむまねをしながら，そのようすを表現

表10・2－❸　Kちゃんの自発的発話にみられた擬音語・擬態語（3歳6ヶ月時）

擬音語・擬態語	発話の状況と表現内容
パチン（ト　ヤルゾ）	おもちゃのゴルフのドライバーを手に持ち，それでたたくことを表現して
パッ（ト　スンノ）	トランプの束を両手で扇形に広げながら，そのようすを表現して
パッチン（スルゾ）	テレビに映っているキャラクターに向かって脅すようにたたくことを表現して
パッパッ（ト　シテクレル）	手で風を送り目前の線香の炎を自分で消すことを要求して（「シテクレル」は「したい」の意味）
パリパリ（　シタヨ）	口に入った砂をかんだことを後で話題にして
ヒューヒュー（スンノ）	母の前で体を横に向けて立ち，横抱きにして振り回す仕草をしながら要求して
ヒューヒューッ（テ　シテ）	母の前で体を横に向けて立ち，横抱きにして振り回す仕草をしながら要求して
ピューッ（テ　ツカウノヨ）	注射器に見立てた積み木を注射するときのように前に突き出しながら
ピョンピョン（シヨウ）	母と布を操作して，その上に乗せたぬいぐるみを宙に浮かせてみようと主張して
ブーンブーン（シテ）	両脇を抱えて振り回すことを要求して
ブクブク（シテルダケ）	洗面器に入れた水に口を付けて，息を吐いていたのを注意されて
ペロペロ（シテルダケヨ）	手を口に入れているのを注意されて
ペロペロ（シマショカ）	トランプをふた山に分け，両手親指で交互にカードを重ねることを提案して
モクモク（スンノ）	風呂場で両手をこすって石鹸を泡立てるような仕草をしながら，石鹸を要求して
◆事物のようすを表現	
ガサガサ	ブラウスの袖口のフリルを指でなぞって
ギュッ（ト　シボッタヨ）	絞ったタオルを見せながら，タオルをしぼったときのしぼり方を表現して
グーグー（　ネタラ）	遊びの中で，眠っているようすを説明して
グルグルッ（ト　マワッタラ）	本に描かれた絵を指で円を描いてさぐるようにしながら，そのようすを表現して
グルッ（ト　マワッテ）	遊びの中で，回り道をすることを表現して
コツン（ト　ナンノ）	焦げたパンの表面を箸で軽くたたいて，そのようすを表現して
コツン（ト　ウッタノ）	頭をぶつけたときのようすを，直後に報告して

表10・2－❹　Kちゃんの自発的発話にみられた擬音語・擬態語（3歳6ヶ月時）

擬音語・擬態語	発話の状況と表現内容
コロコロッ（ト　コロガッタラ）	豆くらいに丸めた粘土をころがすようにして
ゴワゴワッ（テ　ナッタヨ）	食道をジュースが通るようす（「オナカ　ゴワゴワッテナッタヨ」）を直後に
ゴワゴワッ（ト　ナッタヨ）	おへそあたりのおなかの中が動くようす（「オナカ　ゴワゴワット　ナッタヨ」）を直後に
ザクザク（シテンノワナンデスカ）	ポケットティッシュを布の買い物袋の上からさわって，その感触を表現して
ジーッ（テ　ナルカラ）	電動の散髪道具を見ながら，スウィッチが入って作動するようすを想像して
スウーッ（ト　ナルヨ）	排尿・排便後の感じを，事前に表現して
スルスルスルッ（テ　トブカラネ）	紙片を手に持ち，それを落としたときのようすを，事前に表現して
スルスルッ（テ　ヒッパッタデショ）	カセットテープのテープ部分を引き出したようすを思い出して
ズーッ（ト　マワッテイクダケヤン）	まわって歩いていく程度を事前に表現して
ソーロ（ト　タベヨ）	トーストしたてのパンを火傷しないように食べるようすを直前に表現して
ソローリ（ト　アガロウネ）	階段を上がりながら，階段を静かに上るよう側の母に注意して
チクチク（　シタヨ）	足の甲に注射針を刺したときのようすを報告して
チョッキン（ト　キッテ）	フォークでフレンチトーストを半分に切るよう事前に提案して
ツルツル	目玉焼きを見て，目玉焼きのようすを表現して
トロトロ（ダネー）	半熟の目玉焼きの黄身が流れ出るのを見て，そのようすを表現して
トロン（ト　ナッタ）	眠くなってまぶたがふさがってきた時にそれを表現して（「メガ　トロント　ナッタ」）
トントントンッ（テ　スンノドコ）	キーホルダーの容器内の特殊な液の玉が階段を上下するようすを思い出して
バッタバッタ（　トブノ）	遊びで腕を上下に動かして羽ばたくまねをしながら，鷲が飛ぶようすを表現して
バラバラ（ニ　ナル）	目前のクッキーが割れやすいクッキーか尋ねて，割れたときのようすを想像して
パチン（ト　ウケトメルノヨ）	風船を手にして，キャッチボールをするときの風船の受け方を説明して

表10・2−❺　Kちゃんの自発的発話にみられた擬音語・擬態語（3歳6ヶ月時）

擬音語・擬態語	発話の状況と表現内容
パリパリ（ニ　ナチャッタア）	焼きすぎて焦げたパンを見て，そのようすを表現して
パリパリ（ニ　コゲテシモタ）	焼きすぎて焦げたパンのようすを後で表現して
ヒューッ（テ　トンデイキマショウ）	ぬいぐるみを手に持って飛ばすまねをしながら
ヒューヒュー（カゼ　フイテルネ）	散歩中，感じた風のようすを表現して
ヒューヒューッ（テ）	アニメの中で蜂が飛ぶようすを思い出して
ビチャビチャ	シャンプーの容器に水滴がたくさんついてるようすを指さしながら
ビリビリ（ト　ナッテルヨ）	テレビの画面が乱れているようすを報告して
ピカッ（ト　ヒカッテルヨ）	夜空の月を指さしながら表現した，月のようす
ピューッ（ト　トブヨ）	笛付き風船を祖父に見せながら，それが飛ぶようすを説明して
ピリッ（ト　カライヨ）	餃子を口にしたときの感じを直後に
フー（ト　フクノ）	テレビの鍛冶屋の場面で，口で息を吹きかけ冷ます行動を予測して
フウーッ（テ　テンジョウマデ　トンデイケヘンヨ）	風船を口にくわえて，風船が飛ぶようすを説明して
フワフワ（ダネ）	図鑑のペキンコーチンの背を指して
フワフワッ（ト　ヤワラカイノ）	探しているスポンジの瓶洗いのようす
ブツブツ（　ユウテンノ）	散歩中，独り言を言っている母のようすを気にかけて
ブルブルッ（テ　ナッテルヨ）	足の指あたりをさわりながら，足がしびれたことを表現して
ベチャベチャ（ノ　ミズノトコロデ）	濡れていた道路のようすを帰宅後報告して
ペタン（ト　ハリツイテタヨ）	動物園で見たコウモリのようすを思い出して
ペチャリンコッ（テ　ハリツイテタヨ）	動物園で見たコウモリのようすを思い出して
ペチョペチョ	口元を指さしながら，飲んだミルクコーヒーがそこについてるようすを表現して

表10・2－❻　Kちゃんの自発的発話にみられた擬音語・擬態語（3歳6ヶ月時）

擬音語・擬態語	発話の状況と表現内容
ペッ（ト　ヒッパリマス）	片手の指にはさんだあやとりの糸を他方の手で引き抜きながら
ペッタペッタ（ッテ　ハリツイテタヨ）	動物園で見たムササビのようすを思い出して
ペッタン（ト　ハリツイテルヨ）	動物園で見たムササビのようすを思い出して
ホッカホッカ（ダッタヨ）	ソテーしたジャガイモを食べた直後に，その感じを表現して
ポーン（ト　ナゲンノ）	風船でキャッチボールをしようとして，風船の投げ方を説明して
ポコッ（ト　シタノ）	靴下をはきながら，靴下のかかとの部分を表現して
ポツポツッ（テ　オシッコ　デタヨ）	小用を足しながら，尿が出るようすを表現して
ポツン（ト　カカッタヨ）	雨粒が顔か手足にかかったようすを直後に報告して
ポン（ト　ナゲテ）	風船でキャッチボールをするときの風船の投げ方を説明して
モジャモジャ（ノ　オジサンナンテ　ユウノ）	髪の毛を手で乱す仕草をしながら，テレビのキャラクターの名前を問うて
◆動作に伴ったかけ声のような表現	
カチン	積み木の鍵をかごの隙間に差し込んでまわしながら
カチン	折り紙のかかしを水平から急に垂直に起こしながら
カチン	電灯のスイッチに見立てた座卓の側面をひねるまねをしながら
クンクン	においをかぎながら
グーグー	眠っているふりをしながら
コチョコチョコチョコチョ	祖父をくすぐりながら
コンコン	母の肩をたたきながら（「カタコリ　コンコン」と，くりかえして言う）
ゴシゴシ	お風呂で洗いながら（「ゴシゴシ　ベチャベチャ」と，くりかえして言う）
ゴトン	母と腹筋運動をしていて，自分の頭が床に着く度にゴリ
ゴリゴリ	ゴリ風船を両手にはさんでよじりながら
シュー	人差し指で，折り紙の折り目をつけながら
スウーイ	すべり台を滑りながら
スウィーン	スケートですべるまねをしながら
チュチュチュチュチュチュ	ぬいぐるみに注射するまねをしながら
チュッチュッチュッチュッ	聴診器に見立てたイヤホンを祖母に押し当てながら

表10・2－❼　Kちゃんの自発的発話にみられた擬音語・擬態語（3歳6ヶ月時）

擬音語・擬態語	発話の状況と表現内容
テクテク	歩きながら
トン	両足飛びをしながら
ドシン	台の上から布団の上に飛び降りながら
ノッシノッシ	四つんばいで前進しながら
バタ	影絵用に両手で鷲をつくり，鷲が羽ばたくように手を動かす度に
バタリ	母と腹筋運動をしていて，自分や母の頭が床に着くときに
パチリ	カメラに見立てたおもちゃの筒のシャッターを押しながら
パチン	海苔の缶などでつくった電気スタンドのスウィッチを入れるまねをしながら
パッ	絵本の図柄を隠した手を勢いよく離しながら
パッ	カップにスプーンで砂糖を入れる瞬間に
パッ	図鑑にのっているクジャクの羽の図柄を指さすごとに
パッパッパッパッ	空の瓶を振って胡椒をふりかけるまねをしながら
ヒューッ	遊びの中で，ぬいぐるみを投げながら
ビィヨーン	母と布を操作して，その上に乗せたぬいぐるみを宙に勢いよく浮かしながら
ビューン	湯船の中で泳ぐように腕で水をかきながら
ピチン	電灯に見立てた缶の側面を指でひねって，スイッチを入れるまねをしながら
ピッ	機械を作動させるボタンに見立てた柱の箇所を指で押しながら
ピョン	母と布を操作して，その上に乗せたぬいぐるみを宙に軽く浮かしながら
ブーン	象の鼻に見立てた腕降り体操場面で，テレビに合わせて腕を振る度に
ベチャベチャ	お風呂で洗いながら（「ゴシゴシ　ベチャベチャ」と，くりかえして言う）
ポーイポイ	ポリ袋の中に灰汁取り用のしゃもじで米を入れながら
ポン	宙に浮いたぬいぐるみが布の上に落ちる度に

11章 擬音語・擬態語の多言語間比較

擬音語と擬態語は、直接に音響をあらわすか否かによって一応の区別が成立している。これに加えて、擬音語・擬態語を世界の言語と比較してみたとき、両者では他の言語との共通点が大きく異なっている。そこで、ここでは日本語の擬音語と擬態語を、他言語と比較してみる。

❍擬音語の共通性・擬態語の差異性

擬音語は、世界の多くの言語に共通にみられる。というのは、擬音語には音と言語との間に結びつきがあるためである。言語は一般的に、その語の音と表現されている意味の内容との間の結びつきが少なく、その間の関係は恣意的であるされているが、このことから考えると、擬音語はきわめて例外的なものといえよう。

擬音語のなかでも動物の鳴き声などは、擬声語とも呼ばれている。たとえば、犬の鳴き声「ワンワン」などは、非常にうまく音をまねているようである。しかし擬声語は、非言語的な模倣とは区別される。なぜなら、擬声語は、それぞれの言語の音韻体系のなかに組み入れられているからである。擬声語は多くの言語の独自の音韻体系により音韻表現されるため、言語間で幾分かの違いはある。しかし、それらの間には、なんらかの共通する音響効果をもっているものである。そのため、擬音語は言語間で比較した場合、似通っていることが多い。

これに対して、擬態語は言語間での類似性は低く、またその出現頻度にも差異がある。日本語には非常に多くの擬態語があるが、日本語ほどには多くない言語もある。インド・ヨーロッパ言語を中心とする西欧諸国の言語では、擬態語の数がきわめて少ない。これらの言語では、日本語では擬態語を用いて表現するような動作内容を、豊富な種類の動詞により区別して言いあらわしている。そのため、動詞の種類は非常に豊富である。たとえば、日本語の「歩く」という動詞に対して、英語では「walk」の他にも「plod（とぼとぼ歩く）」「stride（元気よく大またに歩く）」「waddle（ヨタヨタ歩く）」「shuffle（足を引きずって歩く）」「toddle（ヨチヨチ歩く）」など複数の動詞がある。これらの「歩く」という動詞は、いずれも「歩く」動作をあらわしてはいるが、どのような状態で歩くのかその意味内容が微妙に異なっているのがわかる。

一方、日本語の動詞は基本的な意味だけを示し、状態によって細かく意味が限定されていない。どのような速度で歩くのか、歩いている対象は動物なのか人間なのか、大人なのか子どもなのか、また、どのような心理状態で歩いているのかなどの詳細についての説明には、名詞、形容詞、副詞で補う必要がある。このような場合に、擬態語は簡単に、しかも的確に場面の状況を表現することができる。

たとえば、「トボトボ歩く」は、あまり元気そうなイメージではなく、試験に失敗したのか、失恋でもしたのか肩を落として歩く場面が浮かんできそうである。この「トボトボ歩く」を、「トボトボ」なしに表現しようとしたら、数行におよんで副詞や形容詞を付加して修飾する必要があろう。にもかかわらず、その場面のイメージを喚起するという点でははるかに「トボトボ」の方が勝っているのではないだろうか。このように、日本語では「歩く」に擬態語をつけることにより、歩く速度や様態の違いだけでなく、歩いている人の心理的側面をも反映することができる。

トボトボ以外にも、歩き方やその速度を表現する擬態語は多い。たとえば、歩く速度について遅い順に並べてみると、ヨチヨチ、ノロノロ、ヨタヨタ、ソロソロ、トボトボ、シズシズ、ブラブラ、ヒョコヒョコ、ノシノシ、トコトコ、テクテク、ツカツカ、セカセカ、スタスタなどとなる（苧阪、1986）。一方これとよく似た表現を英語で探してみると、表11・1のような動詞になる。英語では動詞が非常に細分化されているのが改めてよくわかる。とくに、ブラブラ、トボトボ、テクテク、ヨタヨタなどは動詞の種類が多いのに驚かされる。ブラブラ歩くの場合にもその場面、状況や心的状態に応じて用いられる動詞が異なっている。また、シズシズ、ノソノソの英語表現のように、副詞を補うことにより歩きの状態を表現することも、その特徴の一つである。

表11・1－❶　歩く速さ（英語）

日本語	英　語
ヨチヨチ	totter toddle waddle
ノロノロ	walk slowly loiter
ヨタヨタ	totter waddle stagger toddle jog wallop walk unsteadily
ソロソロ	walk leisurely
トボトボ	trudge tread hobble jog pad plod
シズシズ	walk quietly gently softly calmly composedly slowly deliberately gracefully
ブラブラ	stroll ramble roam wander saunter amble lounge loiter mooch traipse linger
ヒョコヒョコ	walk lightly nimbly

表11・1－❷　歩く速さ（英語）

日本語	英　語
ノシノシ ノッシノッシ	walk with heavy stride stride push one's fat body walk heavily
トコトコ	jog-trot
テクテク	foot tramp trudge hoof hike
ツカツカ	stride step swiftly walk strait walk derectly
セカセカ	walk lestlessly walk quickly buntle
スタスタ	walk bliskly walk with quich steps
チョコチョコ	waddle
ドシドシ	lumber
ドシンドシン	stomp
ノソリノソリ	lumber softly
パタパタ	walk pit-a-pat
フラフラ	walk unsteadily
ブラリブラリ	stroll leisurely
ユルユル	stroll leisurely
ヨボヨボ	walk unsteadily
ヨロヨロ	stagger heavily
ノソノソ	walk sluggishly walk lazily walk slowly walk heavily lounge plod
ドタドタ	walk heavily tramp lumber stomp

フランス語については、歩く速度に対して、表11・2に示すような表現がある。動詞の種類は少ないが、主に副詞を補うことにより歩き方の違いを表現しているのがわかる。これは、スペイン語についても同様である。ドイツ語についても擬態語の数は少ないようである。しかし、flittern（チラチラする）や、kribbeln（ムズムズする）のように、単語の音韻形態が点滅する光の印象を表現していることや、皮膚への刺激を感じさせるものがある。このように、ドイツ語では、状態をあらわすことばが音韻転用して動詞となる例が多いことが指摘されていて、「音以外の現象も音として言語にとりいれられている可能性がある」と考えられている（乙政、1985）。一方ドイツ語では擬音語の数は多く、たとえばパチッやという語は、knacks, knaps, knicks, knips, patsch, platz, schnipp, pitsch patsch など多様に表現されている。それぞれが最もふさわしい場面で、そのものの大きさ、かたさなどまで細かく分類化されて用いられているのである。

西欧諸語と東南アジア語の違い

擬音語は言語として機能し得ることもある。フランス語でニワトリの鳴き声をまねる cocorico は、des cocoricos と複数形にしてニワトリの意味をなすこともある。また、派生語をつくることも可能である。さらに、そのまま名詞化されて、音そのものやその音を鳴らす対象（un cricri こおろぎ）をあらわすこともある。日本語では、擬音語・擬態語が形容詞や副詞として用いられることは多い

表11・2　歩く速さ（フランス語）

日本語	フランス語	備　考
ノロノロ	marcher très lantement marcher d'un pas de tortue	非常にゆっくりと歩く 亀の歩みで歩く
トボトボ	marcher peniblement cheminer d'un air fatigué	苦労して(骨を折って)歩く 疲れた様子で（ゆっくり）歩く
ノソノソ，ドタドタ	marcher lourdement	鈍重に（不器用に）歩く
ヨタヨタ	tituber marcher d'un pas chancelant	ふらつく，よろめく， よろめく(ふらついた)足取りで歩く
シズシズ	marcher d'un pas posé	物静かな(落ち着いた)足取りで歩く
ブラブラ	macher sans but traîner	目的なしに歩く うろつく，ぶらつく
トコトコ	trottiner marcher à petits pas	(人が）小刻みに歩く 小股に歩く
スタスタ	marcher à grand pas (à grandes enjambées) marcher d'un pas rapide	大股で歩く 速い足取りで歩く
ツカツカ	s'avancer précipitamment	大急ぎで(あたふたと)歩み寄る

が、犬をワンワンと呼ぶ幼児語にみられる例などはあるものの、名詞になる例は少ない。

西欧諸国に一般的な動詞の細分化に対して、東南アジアの諸言語ではかなり異なった表現がみられる。日本語の擬音語・擬態語は同じ拍の繰り返し（重畳）が特徴的であるが、このような重畳は主に東南アジアの諸言語にみられる。

再び、歩き方やその速度を表現する擬態語について中国語の例を表11・3に示す。中国語では、同一の漢字の繰り返しがみられる。漢字の意味から、歩く速度、ようすが推察できるのも特徴である。また、単語の前二つは同じ漢字を繰り返し、さらに後の二つにも前の漢字とは異なる漢字を二つ繰り返している例が多い。

インド・ヨーロッパ語族に属しているが、インド、パキスタンを中心に用いられているヒンディ語やウルドウ語には、擬態語が豊富である。また、日本語と同様に重畳する語が多いのを特徴としている。ウルドウ語では、歩く速さを歩くときに出る音により区別している。表11・4のように、地面にスリッパをすりつけて歩く音はゆっくりとした速さであり、砂の上を歩く足音からは、軽やかな足の運びが感じられる。

表11・3　歩く速さ（中国語）

日本語	中国語	発　音
ブラブラ	游游荡荡	yóu yóu dàng dàng
グズグズ	磨磨蹭蹭	mó mó cèng cèng
ダラダラ	丝丝拉拉	sī sī lā lā
セカセカ	急急忙忙	jí jí máng máng
ヨタヨタ	摇摇摆摆	yáo yáo bǎi bǎi
ヨチヨチ	磕磕绊绊	kē kē bàn bàn
ノロノロ	慢慢腾腾	màn màn tēng tēng
ズカズカ	大踏步地	dà tà bù de
セカセカ	匆匆忙忙	cōng cōng máng máng
ノソノソ	晃晃悠悠	huàng huàng yōu yōu

表11・4　歩く速さ（ウルドゥ語）

日本語	ウルドゥ語	備　考
*	sapaṛ sapaṛ	地面にスリッパをすりながら歩く音
ペタペタ	phoṭ phoṭ	サンダルの音
*	thaī thaī	裸足ではねて地面をうちリズムをとる音
*	saṭa saṭa	かかとをスリップにぶつけながら歩く音
サクサク	khač khač	砂の上を歩く足音
ズシズシ	bhad bhad	太った人の足音
*	ḋhab ḋhab dhap dhap	砂や地面を太った人が歩く音
ドシンドシン	dham dham	響きを伴った時の足音

表11・5　歩く速さ（朝鮮語）

日本語	朝鮮語	発　音
ノロノロ，グズグズ	느릿느릿	nurit-nurit
トボトボ	터벅터벅	thəbək-thəbək
ヨタヨタ，ヨロヨロ	비틀비틀	bitəl-bitəl
ブラブラ	어슬렁어슬렁	əsulrəng-əsulrəng
テクテク	타박타박	thabak-thabak
スタスタ	총총	chong-chong
ツカツカ	성큼성큼	səngkəm-səngkəm

❍朝鮮語の特徴

朝鮮語では、擬音語・擬態語は日本語とよく似たような同じ語の繰り返し表現の形をとっている例が多い。朝鮮語の擬音語・擬態語の数は、日本語の擬音語・擬態語の数を上回るものと考えられている。日本語の場合には、たとえば、浅野鶴子編の『擬音語・擬態語辞典』には、約２５００語が収録されている。一方、菅野（１９８６）によれば、『朝鮮語擬声語・擬態語分類辞典』には、８２８６語の擬音語・擬態語があるという。このなかには、多義性をもつものも含まれていると考えられるので、実際の数はこれよりも少ないと予想されるが、数が非常に多いことに驚かされる。内容の内訳は、擬声語と擬態語の区別がむずかしいものも多数あるが、擬声語に比べて擬態語の数が圧倒的に多い。そのなかでも、人間の動きに関するものが最も多いようである。擬態語の数が多いのは、日本語の場合とよく類似している。

また、朝鮮語では、擬音語・擬態語から派生した動詞、形容詞、名

詞が多くみられるのも特徴である。たとえば、「真っ赤な」という表現については、同一の起源をもつ語を母音と子音とを変化させて、たきびにあたっている子どものほっぺが赤くなっているようなときには、발간 (balgan) を用い、若い女性が恥らって顔を赤らめるようなときには、빨간 (palgan)を、また、酔っ払って顔が赤くなっているときには、벌간 (bəlgən)を、怒って顔が赤くなっているときには 뻘간 (pəlgən)をというように、使い分けているのがわかる。朝鮮語の場合、母音と子音の交替を利用して成立しているものが多い（金田一、1992）。朝鮮語における歩く速さに冠する表現の例を表11・5に示した。

アフリカ諸語

一方、アフリカの中部、東海岸で用いられているバンツー語族に属するスワヒリ語では擬態語がよく発達している。スワヒリ語では、母音が五つであるということも日本語と共通するが、擬音語・擬態語もよく類似していて、重畳語がしばしば使われている。その例を表11・6に示す。

表のなかにみられるように、スワヒリ語の擬音語・擬態語は、日本語とよく似た語感をもつ単語も多い。いまにも泣きだしそうなようすを表現するsinasinaも日本語と類似している。また、急ぐようすを表現するchakachakaも理解できる。胡椒をいうpilipiliも日本語のピリピリと感覚的に共通する。頭痛は、kizunguzunguと表現され、日本語でも頭痛をズキズキという痛みの表現に類似して

表11・6　スワヒリ語の擬音語・擬態語

batabata	（赤ん坊が）よちよち歩く
betabeta	（道が）くねくね曲がる
bokoboko	柔らかい
botiboti	でぶでぶの
chakachaka	急いで
chepechepe	びしょぬれの
chugachuga	あせって
churuchuru	チューチュー
dukuduku	怒りによる心の動揺
dungudungu	つらさによる心の動揺
duruduru	きょろきょろ見回す
engaenga	今にも泣きだしそうな
garagara	（何もすることがなくて）ごろごろ過す
goigoi	もろい
gubugubu	がぶがぶ飲む
jekejeke	汗ばむ
kimerkimeri	きらめき，輝き
kizunguzungu	頭痛
magamaga	足を広げて歩き回る
nyakanyaka	めちゃくちゃに壊れる
nyatunyatu	爪先でゆっくり歩く
nyiminyimi	少しずつ
nyotanyota	しとしと降る
payapaya	意味のないことを言う，うろつく
pilipili	こしょう
pirikapirika	忙しくしている状態
pukupuku	たくさん，一度に
rojorojo	水っぽい，どろどろの
rovurovu	びしょびしょに濡れる
sinasina	今にも泣きだしそうな
songosongo	くねくね曲った
tefutefu	柔らかい
tepetepe	たくさんの
wanguwangu	急いで
yosayosa	急いで

いる。さらに、kimerikimeri もキラキラと輝くようすを表現している。kimerikimeri の例のように音のしないようすを音に表現した擬態語が、日本語とスワヒリ語というように異なる言語でも類似の音韻表現していることなどは、ようすを音に表現する際の共通性があるようで興味深い。

また、スワヒリ語では、gaagaa はゴロゴロと動く様態をいうが、そこから派生して garagara (galagala) は何もすることがなくてごろごろと過ごすことを意味している。これなどは、日本語の擬音語・擬態語でゴロゴロが木が転がっている音やようすを表現する意味から、何となく過ごす意味のゴロゴロするなどに意味の転用がみられているのと類似している。

以上のような言語間比較から、日本語の擬態語は状態を表現したりさらには感情を表現したりする副詞のような役割を担っており、英語、ドイツ語、フランス語などのような動詞の細分化による擬態表現をとらないことがわかる。ヒンディ語、ウルドゥ語、中国語、朝鮮語などの東南アジアの諸言語やアフリカのスワヒリ語などは日本語と類似した擬態語の機能を一部もっていることがわかった。このような動詞の分化の程度とさらにそれを修飾する擬態語の精緻化の程度は、用いられる言語の言語的、文化的あるいは歴史的制約を受けるものと考えられる。また、感性や心的状態の表現の伝達が社会的コミュニケーションのなかで重要な意味をもつほど擬音語・擬態語の果たす役割は大きなものになると思われる。多言語の比較のなかで日本語の擬音語・擬態語の独自性や特徴を知ることは、日本の言語および文化の理解に役立つものと考える。さらに、東南アジアを中心とした擬態語の波及は、言語文化の成立ともかかわると考えられる。このような擬音語・擬態語の位置づけから、言語の発生と、その文化の背景を推察していくことも可能になるものと考える。

あとがき

編者の専門は知覚心理学であるが、「感覚のことば」としての擬音語・擬態語が感覚のモノサシとしてどのくらい妥当性があるのだろうか、という問題に関心をいだいてきた。もう20年以上前になるが、暗室で明るさ評定の知覚の心理実験をおこなっていたとき、観察者が「とても明るい」と言うかわりに、「キラキラと明るい」というような報告をした。とてもという程度の副詞とキラキラという擬態語があらわす明るさには質的違いがあると考え、観察者にその理由を聞いた。すると、その人は電球からくる光を視野の周辺でみるとチカチカと微妙に点滅しているように見えるという。周辺視ではフリッカーと呼ばれるチラツキが観察されるのであるが、この人はそれを指摘したのであった。

この体験から、実験では見えてこない微妙な時間的ゆらぎが実に簡潔な擬態語で表現可能なことを再認識するとともに、「感覚のことば」の精緻なはたらきに感心させられた。擬音語や擬態語が主観的な知覚印象の質（クオリア）を的確に運ぶキャリアーであり、主観印象をアフォードする（担う）はたらきをもつことに気づいた。いわば「クオリアの言語」といってよいだろう。リンゴの赤い色を見たときの赤の感覚、バイオリンの音の質感、レモンの香りの質感などは感覚のクオリアである。認知哲学ではこのクオリアという現象的性質が科学の対象となり得るかということについて論議がなされている。

その年（1985年）に、ある大学で集中講義する機会が与えられたので、これ幸いと学生諸氏に暗室ではなく国語辞典のなかで実験をおこなってもらった。辞典からあらゆる擬音語・擬態語をカードに書き抜き、これを五感に分類し擬音語・擬態語から感覚の構造と相互連関を考えてもらったのである。このレポートを夏休みの宿題としてやってもらったのが、編者にとって擬音語・擬態語研究の始まりとなった。これらのデータをもとに擬音語・擬態語の連想基準表をつくり、さらにこれに興味をもった異なる心理学分野の方々とささやかな共同研究をおこない、その後約10年間にわたり学会でそのつど発表してきた。この間吉田秀雄財団の研究助成もいただいた。その成果はそれぞれの方々によって、各章に報告されている。ここで、各章の分担を示しておきたい。

1章　擬音語・擬態語の認知科学　苧阪直行
2章　擬音語・擬態語はどの品詞に属するのか　福田香苗
3章　擬音語・擬態語の構造を分析する　苧阪直行・辻斉
4章　記憶を助ける擬音語・擬態語　福田香苗
5章　擬音語・擬態語のイメージ喚起力と再生記憶　高橋雅延

6章　擬音語・擬態語とプライミング効果　川口敦生
7章　擬音語・擬態語と比喩　福田香苗
8章　多義的な擬音語・擬態語と文脈　苧阪満里子
9章　擬音語・擬態語の発達　菅眞佐子
10章　幼児の発話にみられる擬音語・擬態語　福田香苗
11章　擬音語・擬態語の多言語間比較　苧阪満里子

本書が企画されてからほぼ10年の歳月が流れた。本書のいくつかの章の原稿が大幅に遅延し、当初提出していただいた他の章の著者には大変ご迷惑をおかけしたことを編者として深くお詫びしたい（したがって、各章の内容が文献的検討も含めてこのような事情にあることについてご寛恕をお願いしたい）。また、当初から本研究に注目され、この10年のあいだ編者に貴重なコメントをいただいたり、励ましをいただいた新曜社第一編集部長の塩浦暲氏にもお詫びと感謝のことばを述べたい。本書が少しでも読みやすくなっているとすればそれは氏のおかげである。最後に各章の著者のもとで、データの収集や分析に協力してくれた多くの学部学生や大学院生に感謝のことばを述べたい。

1999年6月

苧阪直行

❍新装版へのあとがき

本書の25年ぶりの再刊を喜びたいと思います。本書が刊行された1999年頃はオノマトペの科学的研究は皆無で、この豊かな揺らぎと動きを担う「感性の言語」を通して「身体の言語」、「リズムや音楽の言語（詩歌や芸術の言語）」、そして「五感（マルチモーダル）の言語」をデータや実験を通して解明する試みはほとんど見当たりませんでした。編者はその後、本書で得たデータをもとにオノマトペを社会脳の立場から検討しました（連想基準表のデータは大変多かったので紙幅の関係で多くを省略しています）。オノマトペを聞かせることで脳の対応領域が活性化を示したことは、オノマトペが拓く社会脳科学―知覚・身体と運動をシンボル言語でつなぐ脳の科学―が可能であることを示しました（詳しくは、苧阪直行 2010「感性言語―擬音語・擬態語と脳―」三浦佳世編『現代の認知心理学1　知覚と感性』（pp.156-184）北大路書房を参照）。2010年以降はsound symbolismを中心にした実験的研究が、その後マルチモーダルにかかわる研究が続きオノマトペの研究は世界的な流行になりました。最近では、オノマトペは生成ＡＩや基盤ＡＩモデルの中で「身体接続の言語」としてシンボル・グラウンディング問題等で注目を浴びています。25年前はほとんど注目されることのなかった「言葉の前の言葉」オノマトペに光が当たりつつあるのは慶賀すべきことだと思います。

苧阪直行（2024年7月1日　記）

付録

擬音語・擬態語の連想基準表作成の手続き

○刺激語にもとづく連想基準表の作成

以下のような手続きによりおこなった。

〈1〉**刺激語となる擬音語・擬態語**　辞書として天沼（1973）、浅野（1978）、白石（1882）を用い、二つ以上の辞書が共通に記載している語のなかから4拍および6拍（XYXY型）、二音節繰り返し型、重畳型のものを選択した。採択した刺激語は469語であった。連想基準表の作成には梅本（1961）などの刺激語・反応語の処理手続きを参考にしたが、ふつうの名詞や形容詞を刺激語に用いる場合と異なり、擬音語・擬態語の連想順位を求めるには少し違った配慮が必要であった。

〈2〉**被験者**　大学生、男子100名、女子190名であった。サンプルは大阪府下の私立大学と国立大学それぞれ1校から抽出した。調査は1984-1985年に実施された。

〈3〉**作成手続き**　469語の擬音語・擬態語が印刷されている調査用紙を配布し、時間制限なしで各刺激語について連想した反応語を1語のみ記入するように求めた。反応語の品詞についてはとくに指定しなかった。

〈4〉データの処理　まず手作業で反応語の品詞分類、出現頻度の計数（男女別）をおこなった後、データベース化し（dBASEIII を用いた）、その後このデータベースを京都大学大型計算機センターで処理し、連想基準表を計算、印刷した。

469語の擬音語・擬態語から選択した主なものの連想基準表を付表1に示す。作表にあたっては各刺激語で男女合計の反応頻度が5以下のものは「その他」に入れた。このなかには無反応（無記入）の頻度は含まれていない。連想基準表は刺激語のアイウエオ順で並べた。各擬音語・擬態語に対する反応語は男女の頻度合計順に並べた。数字が入っていないものは反応がなかったという意味である。表には作成当時の大学生のあいだで流行した表現がわずかに含まれているが、大勢には影響がない（擬音語・擬態語は奈良時代以降近代まで多くの歴史的変遷を経てきており、時代による変化は避けられない（前島、1967）。

❍反応語にもとづく連想基準表の作成

以下のような手続きによった。

469語の各刺激語に対して290名の被験者が連想反応の結果生み出した合計13万6010語の反応語を反応のカテゴリー（品詞別に分類）にもとづいて逆検索、逆分類し、反応語にもとづく連想基準表を作成するため以下のような手続きをとった。

〈1〉反応語・刺激語の計数　データベースから469語の各刺激語がもつ反応語13万6010語を抽出し、同じ反応語を計数するとともに、対応した刺激語を計数した。刺激語が2語以上の頻度のものを採択の対象とした。刺激語は複数の反応語にまたがって出現するが、これらの重複計数も許した。

〈2〉被験者　前項と同様の大学生男子100名、女子190名であった。

〈3〉データの検索とソーティングの処理　PL／I言語で書かれたソフトによった。品詞による分類、出現頻度（男女別）の計数は刺激語による連想基準表作成の場合と同様（苧阪、1986）である。

合計1451語の反応語を分類した上で、各反応語内で刺激語を連想頻度順に整理した結果から、主なもの一部を付表2に示す。各反応語で刺激語の出現頻度と男女の合計頻度がそれぞれ2以上のもののみを採用した。付表2から、品詞は異なっても意味的な類似性を共有する反応語が多くみられ（たとえば、光、あかり（名詞）、明るい（形容詞）、光る、輝く（動詞）など）、これらのなかに含まれる擬音語・擬態語をグループ化してなんらかの尺度化をおこなうことが可能であるように思える。また、反応が複数のモダリティにわたるユニークな特性をもつ刺激語も認められる。たとえば、プンプンの場合、怒る（頻度合計175）と匂う（同54）に二極化している。また、ペコペコの場合、おじぎ、あやまる（同164）と空腹（同58）、ポカポカの場合、暖かい（同61）と殴る（同22）などに分化していることが認められ、興味深い。

付表 1-❶ 擬音語・擬態語連想基準表（一部分）

カラカラ	合計
のど	43
笑う	28
乾く	16
空き缶	16
からっぽ	14
下駄	13
天気	13
のどが乾く	7
井戸	7
糸車	7
まわす	6
おもちゃ	6
風ぐるま	6
その他	85

カンカン	合計
鐘	57
怒る	18
太陽	16
缶	13
消防車	11
ランラン	9
たたく	9
踏切	9
照る	8
鳴る	7
その他	81

オロオロ	合計
あわてる	23
困る	21
うろたえる	20
心配	20
狼狽	19
迷う	18
戸惑い	15
途方にくれる	11
不安	11
母親	9
親	7
迷子	6
あせる	6
その他	92

カサカサ	合計
肌	41
落葉	37
葉	26
手	20
肌荒れ	19
紙	18
ゴキブリ	15
乾燥	14
草	12
音	7
荒れている	6
乾燥肌	6
その他	60

カチカチ	合計
時計	94
山	45
火打ち石	30
火の用心	16
ライター	15
氷	10
歯	8
カスタネット	8
火	6
その他	55

イソイソ	合計
出かける	73
デート	25
帰る	20
逃げる	16
急ぐ	13
着物姿	11
うれしい	6
歩く	6
その他	105

ウネウネ	合計
道	59
曲がる	42
ヘビ	27
山道	24
曲がり道	23
山脈	15
田畑	14
あぜ道	13
川	6
波	6
その他	54

ウロウロ	合計
迷う	50
迷子	38
歩く	25
歩きまわる	22
落ちつかない	11
迷路	7
うろつく	6
泥棒	6
田舎者	6
その他	111

付表1－❷ 擬音語・擬態語連想基準表

キシキシ	合計
きしむ	104
床	39
家	15
椅子	11
廊下	11
その他	72

キラキラ	合計
星	141
光る	59
目	36
輝く	22
光	6
その他	21

キリキリ	合計
痛い	131
キリキリまい	21
キリ	19
忙しい	16
神経	8
その他	85

ギョロギョロ	合計
目	164
見る	33
にらむ	17
みまわす	16
その他	54

ガンガン	合計
頭痛	106
頭	36
響く	12
ロックバンド	10
うるさい	10
打つ	9
たたく	9
鳴らす	9
音楽	7
ステレオ	7
その他	64

キョロキョロ	合計
みまわす	80
目	65
見る	24
探す	20
落ち着きのない	10
眺める	8
よそ見	7
不慣れ	7
その他	59

キイキイ	合計
戸	43
きしむ	34
猿	23
ブランコ	19
ヒステリー	15
声	10
鳴く	9
鳴る	8
鳥	8
自転車	7
椅子	6
うるさい	6
叫ぶ	6
ブレーキ	6
その他	77

ガサガサ	合計
紙	28
草	27
藪	21
探す	17
笹	14
落ち着きのない	9
物音	8
騒がしい	8
ゴキブリ	8
葉	8
揺れる	7
枯葉	7
荒れた手	7
その他	110

ガタガタ	合計
震える	43
戸	29
地震	25
寒い	24
おんぼろ	16
机	16
窓	11
揺れる	9
古い	8
椅子	7
その他	81

ガヤガヤ	合計
騒ぐ	71
うるさい	35
人ごみ	32
教室	21
群集	18
ざわめき	15
人の話し声	13
にぎやか	7
騒音	6
その他	68

付表1-❸　擬音語・擬態語連想基準表

グズグズ	合計
のろい	59
のろま	38
遅い	30
子供	22
鼻水	21
とろい	14
遅刻	10
文句	7
グズ	7
だだをこねる	6
風邪	6
その他	58

グルグル	合計
まわる	157
まわす	28
目がまわる	20
目	15
下痢	7
遊園地	6
その他	60

ケタケタ	合計
笑う	216
その他	36

ケラケラ	合計
笑う	233
女の子	7
おけら	7
その他	37

ゲラゲラ	合計
笑う	248
下品	10
その他	53

クネクネ	合計
道	82
夜はクネクネ	53
曲がる	50
ヘビ	33
迷路	8
歩く	6
その他	52

クヨクヨ	合計
悩む	105
後悔	50
泣く	21
落ち込む	15
迷う	12
弱虫	10
失敗	6
その他	62

クルクル	合計
まわる	136
パーマ	23
目	19
パー	18
風ぐるま	15
メリーゴーランド	10
コマ	9
まわす	6
その他	49

ギシギシ	合計
きしむ	51
床	31
戸	31
椅子	23
家	16
いっぱい	16
廊下	13
ベット	11
古い	9
歯ぎしり	7
鳴る	6
階段	6
その他	59

ギラギラ	合計
太陽	84
油	43
目	34
光る	31
輝く	14
夏	10
その他	69

クスクス	合計
笑う	269
その他	17

クタクタ	合計
疲れる	243
しんどい	9
その他	41

付表1-❹　擬音語・擬態語連想基準表

ゴロゴロ	合計
雷	102
寝る	25
寝ころがる	20
昼寝	17
猫	15
ころがる	14
日曜日	9
おなか	8
暇	8
父	6
その他	61

サラサラ	合計
髪	94
小川	40
流れる	20
砂	18
風	15
笹	12
川	11
ロングヘア	8
雪	7
その他	87

ザラザラ	合計
砂	54
紙やすり	27
肌	13
手	12
手ざわり	11
砂糖	11
紙	10
ザラメ	9
あらい	8
荒れた肌	6
やすり	6
その他	106

コロコロ	合計
ころがる	59
犬	47
太った	35
丸い	16
おろぎ	13
ボール	12
ポッチャリした人	6
サイコロ	6
その他	91

コンコン	合計
キツネ	96
咳	73
ノック	54
風邪	17
たたく	15
雪	9
その他	24

ゴチャゴチャ	合計
混ざる	29
混乱	22
部屋	19
ややこしい	14
散らかす	14
うるさい	14
雑然とした	11
おもちゃ箱	9
やかましい	8
乱れ	7
不整理	7
文句	7
言う	6
その他	100

コソコソ	合計
泥棒	60
隠れる	56
内緒話	31
逃げる	24
話す	21
秘密	18
話	11
陰口	6
噂	6
その他	51

コチコチ	合計
緊張	59
時計	55
氷	37
凍る	25
かたい	25
石頭	11
冷凍	10
固まる	9
あがる	6
その他	37

コツコツ	合計
努力	44
足音	42
靴	35
勉強	28
たたく	21
ためる	19
ノック	19
まじめ	10
勤勉	9
その他	61

付表1－❺ 擬音語・擬態語連想基準表

スタスタ	合計
歩く	158
スリッパ	19
逃げる	17
早足	16
走る	10
逃げ足	7
帰る	6
その他	50

スヤスヤ	合計
眠る	170
赤ちゃん	58
寝る	14
安眠	9
その他	23

スラスラ	合計
話す	79
読む	49
書く	46
英語	21
暗唱	12
流暢な	8
とける	7
答える	6
テスト	6
その他	54

ズキズキ	合計
痛む	128
傷	56
頭痛	17
頭	8
ケガ	7
歯	6
その他	32

ジクジク	合計
痛む	55
膿	18
傷口	16
傷	13
ケガ	12
いちじく	10
痛い	8
湿気	7
梅雨	7
にきび	6
水虫	6
その他	106

ジリジリ	合計
太陽	32
せまる	25
あつい	23
照りつける	18
焼ける	15
近付く	12
夏	10
焼く	9
時計	8
その他	113

ジロジロ	合計
見る	140
視線	25
目	20
見つめる	14
その他	80

スイスイ	合計
泳ぐ	181
アメンボウ	24
水泳	7
メダカ	6
平泳ぎ	6
その他	48

シクシク	合計
泣く	198
涙	20
泣き虫	11
悲しみ	8
痛い	7
泣き声	6
その他	34

シゲシゲ	合計
見つめる	86
見る	80
眺める	57
その他	60

シトシト	合計
雨	155
小雨	56
降る	18
梅雨	14
春雨	9
長雨	6
その他	34

シンシン	合計
雪	145
寒い	19
夜	18
冷える	15
静か	14
深夜	14
興味	8
降る	8
その他	43

付表1-❻ 擬音語・擬態語連想基準表

ツルツル	合計
はげ頭	87
肌	27
うどん	25
頭	20
そば	20
そうめん	15
すべる	10
はげ	9
麺	7
床	6
その他	54

テカテカ	合計
光る	92
はげ頭	23
頭	19
光	17
油	15
はげ	12
ポマード	12
その他	84

テクテク	合計
歩く	213
散歩	19
遠足	11
ハイキング	6
その他	23

トコトコ	合計
歩く	146
子供	42
赤ちゃん	9
走る	9
その他	62

ダブダブ	合計
服	122
大きい	65
ズボン	49
大きすぎる	6
セーター	6
その他	46

ダラダラ	合計
汗	39
だらける	14
だらしない	12
歩く	11
長い	11
怠ける	10
遅い	6
その他	172

チクチク	合計
針	123
痛む	50
痛い	15
刺す	9
痛み	9
トゲ	9
ささる	7
その他	52

ツヤツヤ	合計
肌	92
光る	48
つや	11
髪	10
光沢	7
光	7
輝く	7
みがく	6
ワックス	6
その他	63

ズケズケ	合計
言う	146
遠慮のない	14
あつかましい	9
ずうずうしい	9
おばさん	6
その他	75

セカセカ	合計
急ぐ	52
忙しい	42
歩く	28
働く	14
せっかち	12
落ち着かない	11
あせる	10
せわしい	6
その他	102

ソワソワ	合計
落ち着かない	132
デート	18
期待	10
待つ	9
あせり	6
その他	96

タラタラ	合計
汗	148
冷汗	22
不平	13
長い	12
血	8
文句	7
その他	78

付表1-❼ 擬音語・擬態語連想基準表

ネバネバ	合計
納豆	74
のり	30
ボンド	18
ガム	16
ねばつく	9
接着剤	8
くっつく	8
ねばる	6
その他	98

ノソノソ	合計
歩く	45
カメ	27
グズ	25
象	22
熊	16
ゆっくり	16
遅い	14
にぶい	11
牛	8
来る	7
その他	82

ノロノロ	合計
カメ	56
遅い	44
渋滞	32
歩く	25
のろま	20
運転	17
ゆっくり	8
自動車	8
その他	56

ニタニタ	合計
笑う	112
スケベ	22
いやらしい	21
にやける	19
気持ち悪い	10
男	7
その他	57

ニヤニヤ	合計
笑う	134
スケベ	25
いやらしい	16
にやける	9
たくらみ	8
気持ち悪い	8
中年	7
その他	70

ヌルヌル	合計
どじょう	45
すべる	27
なめくじ	16
石けん	16
油	14
タコ	9
こんにゃく	8
ヘビ	8
なまこ	7
その他	113

トボトボ	合計
歩く	83
帰る	32
がっかり	21
さみしい	14
帰り道	11
しょんぼり	7
落ち込み	7
元気がない	6
その他	91

ドキドキ	合計
心臓	123
緊張	26
胸	22
どうき	13
ときめき	11
心	9
期待	8
その他	62

ニョキニョキ	合計
タケノコ	73
のびる	56
はえる	49
芽	32
ツクシ	18
その他	46

ニコニコ	合計
笑う	105
笑顔	96
微笑み	15
海苔	12
いやらしい	9
その他	65

付表1－❽　擬音語・擬態語連想基準表

パサパサ	合計
髪	88
乾燥	50
食物	20
パン	16
ごはん	14
古いケーキ	12
水分のない	9
その他	43

パチパチ	合計
拍手	149
火	33
焚火	21
燃える	14
カメラ	11
まばたき	8
花火	7
静電気	7
その他	31

パリパリ	合計
せんべい	140
のり	34
乾く	11
ワイシャツ	9
割れる	7
食べる	6
その他	62

ヒュウヒュウ	合計
風	201
北風	23
木枯し	15
すきま	14
その他	22

バタバタ	合計
走る	45
倒れる	26
あわてる	18
スリッパ	16
忙しい	15
歩く	14
足音	8
あばれる	7
羽ばたく	7
騒ぐ	7
急ぐ	6
引越し	6
あわただしい	6
鳥	6
掃除	6
その他	77

バラバラ	合計
死体	44
殺人	28
別れる	19
分解	18
まとまりがない	15
雨	10
散る	8
壊れる	8
落ちる	8
くずれる	7
その他	106

バリバリ	合計
せんべい	62
破る	27
割れる	14
働く	9
仕事	8
単車	6
伝説	6
その他	136

ハキハキ	合計
答える	70
言う	50
返事	30
発言	20
はっきり	14
話す	13
明るさ	11
活発	9
小学生	8
良い子	7
気持ち良い	6
その他	36

ハラハラ	合計
心配	64
ドキドキ	54
スリル	23
緊張	15
心臓	13
不安	10
気をもむ	9
危険	8
あせる	8
その他	75

付表1-❾　擬音語・擬態語連想基準表

ピンピン	合計
元気	115
張る	27
はねる	20
回復する	8
健康	8
とがる	8
立つ	8
鉛筆	8
髪の毛	8
糸	7
お札	6
その他	52

フカフカ	合計
布団	162
暖かい	15
肉まん	13
柔らかい	11
ソファー	8
クッション	7
その他	46

フワフワ	合計
浮く	51
雲	50
風船	36
綿	24
布団	19
とぶ	15
わたがし	13
柔らかい	12
その他	54

ピカピカ	合計
光る	101
みがく	23
靴	16
一年生	16
車	12
新品	11
雷	11
はげ頭	8
新しい	7
掃除する	6
その他	63

ピチピチ	合計
ギャル	112
若々しい	43
魚	11
窮屈	10
新鮮な	10
はねる	9
ズボン	8
雨	8
元気	8
太もも	7
はちきれる	6
その他	38

ピリピリ	合計
神経	22
カラシ	17
辛い	12
緊張	6
その他	34

ヒソヒソ	合計
内緒話	102
話	71
噂	37
陰口	23
秘密	9
話し声	8
その他	28

ヒラヒラ	合計
紙	43
舞う	42
ちょうちょ	40
落葉	37
花びら	25
スカート	11
フリル	6
その他	68

ヒリヒリ	合計
痛む	116
傷	55
やけど	42
日焼け	17
しみる	6
はれる	6
その他	34

ビュウビュウ	合計
風	162
大風	57
木枯し	16
北風	14
冬	6
その他	23

付表1－⑩　擬音語・擬態語連想基準表

ペラペラ	合計
しゃべる	136
英語	42
薄い	22
紙	17
流暢	10
めくる	8
その他	38

ホクホク	合計
喜ぶ	46
いも	41
もうかる	28
暖かい	20
金持ち	19
顔	19
満足	11
笑う	10
金	9
ボーナス	7
その他	51

ボウボウ	合計
雑草	97
火事	61
はえる	34
髪の毛	26
ひげ	11
その他	32

ボソボソ	合計
しゃべる	135
内緒話	26
話し声	21
つぶやく	16
小声	10
ひとりごと	8
その他	47

ヘラヘラ	合計
笑う	195
軽い	8
あほ	7
その他	57

ベラベラ	合計
しゃべる	203
よく話す	10
うるさい	6
その他	42

ペコペコ	合計
おじぎ	90
あやまる	74
空腹	32
おなか	17
ペコチャン	9
おべっか	7
その他	51

ペタペタ	合計
歩く	32
貼る	31
ぬる	27
くっつく	19
スリッパ	16
ペンキ	16
足音	13
シール	8
足	7
偏平足	7
はだし	7
その他	68

ブラブラ	合計
歩く	97
ぶら下がる	27
暇	22
揺れる	13
遊び	11
ショッピング	10
フラメンコ	10
タヌキ	6
その他	70

プリプリ	合計
怒る	201
おしり	14
プリン	10
女の人	6
その他	39

ヘトヘト	合計
疲れ	239
山登り	7
その他	28

ヘナヘナ	合計
座り込む	77
疲労	25
力抜け	15
腰	13
弱い	10
弱い人	8
しおれる	8
しっかりしていない	7
くずれる	6
その他	66

付表1-⑪ 擬音語・擬態語連想基準表

モグモグ	合計
食べる	150
口	52
ほおばる	19
かむ	9
口ごもる	7
牛	6
その他	38

モジモジ	合計
恥しい	85
てれる	25
内気	22
お見合い	9
じれったい	7
ムーミン	6
引込み思安	6
その他	86

モソモソ	合計
動く	39
話す	25
食べる	9
遅い	7
のろい	7
虫	6
その他	147

モタモタ	合計
のろま	60
遅い	51
とろい	29
のろい	21
歩く	8
その他	68

ポロポロ	合計
涙	137
こぼす	49
泣く	27
落ちる	8
落とす	7
その他	39

メキメキ	合計
上達	119
のびる	14
実力	13
力	13
成長	9
その他	88

メラメラ	合計
炎	119
燃える	87
火	15
嫉妬	10
怒り	8
その他	30

モウモウ	合計
牛	131
煙	100
たちこめる	6
燃える	6
その他	27

モクモク	合計
煙	148
煙草	25
食べる	23
勉強	8
仕事	7
その他	61

ポトポト	合計
落ちる	53
こぼす	29
濡れる	26
落とす	24
水もれ	10
しずく	10
たれる	9
雨	8
水	8
その他	67

ボロボロ	合計
涙	57
古い	38
割れる	21
衣服	18
こぼす	17
落とす	13
おさがり	7
はがす	6
破れる	6
その他	83

ポカポカ	合計
暖かい	61
春	32
陽気	29
なぐる	22
こたつ	22
日光浴	13
カイロ	11
太陽	8
春の日	6
小春日和	6
その他	49

付表1－⑫　擬音語・擬態語連想基準表

ヨレヨレ	合計
服	96
コート	28
背広	19
古着	14
シャツ	12
疲れる	8
老人	7
古い	7
ズボン	6
レインコート	6
その他	71

ワイワイ	合計
騒ぐ	154
仲間	16
コンパ	10
楽しい	10
にぎやか	10
ガヤガヤ	10
人だかり	8
パーティー	7
子供	6
教室	6
その他	34

ワクワク	合計
期待	106
楽しみ	47
胸	19
うれしい	16
ドキドキ	8
喜び	8
その他	66

モヤモヤ	合計
霧	53
煙	34
すっきりしない	14
不明瞭	12
心	11
霞	10
悩み	10
気分	10
はっきりしない	7
その他	95

ヨタヨタ	合計
歩く	102
老人	50
赤ん坊	21
酔っぱらい	15
よろける	10
おじいさん	8
足	7
倒れる	7
その他	51

ヨチヨチ	合計
赤ちゃん	188
歩く	46
幼児	19
その他	8

ヨボヨボ	合計
おじいさん	51
老いる	9
歩く	8
その他	14

付表 2 -❶　反応語に基づく擬音語・擬態語の連想基準表（一部分）

歩く	合計
テクテク	213
スタスタ	158
トコトコ	146
ヨタヨタ	102
ブラブラ	97
トボトボ	83
ヒョコヒョコ	82
ツカツカ	71
ノシノシ	68
シズシズ	61
シャナリシャナリ	48
ヨチヨチ	46
ドタドタ	45
ノソノソ	45
ソロソロ	43
ノッシノッシ	40
フラフラ	35
ペタペタ	32
トロトロ	30
セカセカ	28
ヒタヒタ	27
ウロウロ	25
ノロノロ	25
ゾロゾロ	25
ズシズシ	23
ドカドカ	21
ズタズタ	18
チョコチョコ	18
シナシナ	17
カッポカッポ	17
ズンズン	16
ノコノコ	16
バタバタ	14
ドシドシ	14
カツカツ	13
ズカズカ	13
ダラダラ	11

雨	合計
ザアザア	198
シトシト	155
ポツポツ	131
パラパラ	99
ジャアジャア	78
ビシャビシャ	50
グショグショ	46
ジトジト	44
ビショビショ	41
サアサア	36
ビチャビチャ	35
ピチャピチャ	31
ジメジメ	27
ポタポタ	12

赤ちゃん	合計
ヨチヨチ	188
スヤスヤ	58
チョコチョコ	18
マンマン	9
トコトコ	9
ガラガラ	7
ポチャポチャ	5

頭	合計
ボサボサ	100
ガンガン	36
モジャモジャ	30
ゴチゴチ	29
モサモサ	25
クラクラ	22
グリグリ	21
ツルツル	20
テカテカ	19
クリクリ	18
ズキズキ	8
ボリボリ	6
ズキンズキン	6
カチンカチン	6
ゴツゴツ	3
コテコテ	3
グチャグチャ	3
デカデカ	2
フラフラ	2
ボウボウ	2
ボコボコ	2
イライラ	2
ツヤツヤ	2
コチコチ	2
ガチガチ	2

付表 2 -❷　反応語に基づく擬音語・擬態語の連想基準表

髪	合計
フサフサ	186
バサバサ	156
ボサボサ	119
サラサラ	88
パサパサ	88
クシャクシャ	46
モジャモジャ	45
モサモサ	43
グシャグシャ	30
ツヤツヤ	10

期待	合計
ワクワク	106
ウズウズ	11
ゾクゾク	10
ソワソワ	10
ドキドキ	8

口	合計
モグモグ	52
パクパク	27
ペラペラ	5
パカパカ	4
ムニャムニャ	4
ゲラゲラ	4

靴	合計
キュッキュッ	57
コツコツ	35
ブカブカ	35
クツクツ	28
グチュグチュ	20
カツカツ	19
ピカピカ	16

顔	合計
ホクホク	19
シワシワ	15
クシャクシャ	7
グチャグチャ	6
デカデカ	5
テカテカ	5
アリアリ	3
マルマル	3
シャアシャア	2
ノウノウ	2
ヒクヒク	2
グシャグシャ	2
ゴテゴテ	2

風	合計
ヒュウヒュウ	201
ピュウピュウ	184
ビュウビュウ	162
サヤサヤ	76
ゴウゴウ	48
ビュンビュン	45
サアサア	34
サワサワ	31
サラサラ	13
シュウシュウ	13
ソウソウ	7
カタカタ	6
リュウリュウ	5
ザワザワ	4
ガタガタ	4
キシキシ	3
カラカラ	3
ビンビン	2
スカスカ	2
フウフウ	2
ユラユラ	2
ヒラヒラ	2

言う	合計
ズバズバ	175
ズケズケ	146
ハキハキ	50
ヌケヌケ	43
シャアシャア	21
クドクド	18
スパスパ	17
クダクダ	15
ポンポン	11

痛い	合計
キリキリ	131
キンキン	20
トゲトゲ	17
チクチク	15
ジクジク	8
シクシク	7
テイテイ	6
ヒイヒイ	6
ギンギン	5
ピリピリ	5
ビリビリ	4

うるさい	合計
ギャアギャア	44
ガヤガヤ	35
ドヤドヤ	34
ガチャガチャ	21
ザワザワ	20
ガアガア	18
ゴチャゴチャ	14
クドクド	13
チャカチャカ	10
ガンガン	10
ワアワア	10
キャアキャア	8

付表 2 -❸　反応語に基づく擬音語・擬態語の連想基準表

たたく	合計
バシバシ	141
バンバン	81
ピシピシ	48
トントン	44
ポコポコ	42
パンパン	41
ドンドン	40
ポンポン	39
ビシビシ	27
ビシャビシャ	25

食べる	合計
ムシャムシャ	219
パクパク	153
モグモグ	150
ガツガツ	125
モリモリ	65
ガバガバ	27
モクモク	23
クチャクチャ	22
ムニャムニャ	17
ボリボリ	12

手	合計
ゴツゴツ	38
カサカサ	20
ザラザラ	12
パンパン	12
スベスベ	7
ベトベト	6

しゃべる	合計
ベラベラ	203
ペラペラ	136
ボソボソ	135
トウトウ	8
グチャグチャ	8
ガヤガヤ	4
ズバズバ	4

心配	合計
ハラハラ	64
ヒヤヒヤ	44
オロオロ	20
オドオド	4
ソワソワ	2

すべる	合計
スルスル	37
ヌルヌル	27
ズルズル	23
ヌメヌメ	16
ツルツル	10
ニュルニュル	9
スベスベ	9

頭痛	合計
ガンガン	106
ズキンズキン	53
ズキズキ	17
イライラ	4
ウツウツ	2
フラフラ	2

たくさん	合計
ウヨウヨ	51
ウジャウジャ	40
ジャンジャン	20
ドシドシ	14

元気	合計
ピンピン	115
モリモリ	53
ビンビン	30
シャキシャキ	14
ピチピチ	8
ギンギン	6
ムンムン	4
キビキビ	3
バンバン	2
シャンシャン	2
ハキハキ	2

心	合計
モヤモヤ	11
ドキドキ	9
ズキンズキン	8
ズキズキ	5
ギスギス	3
ビクビク	3
ズタズタ	3
モンモン	3
ソワソワ	2
ムカムカ	2
ギクギク	2
ハラハラ	2

騒ぐ	合計
ワイワイ	154
ワアワア	95
ガヤガヤ	71
キャアキャア	36
ギャアギャア	25
ザワザワ	22
ドヤドヤ	21
ドタドタ	13

付表2−❹　反応語に基づく擬音語・擬態語の連想基準表

見る	合計
ジロジロ	140
シゲシゲ	80
マジマジ	72
マザマザ	52
チロチロ	46
ギョロギョロ	33
チラチラ	31
キョロキョロ	24
キョトキョト	18

文句	合計
ブウブウ	58
グチグチ	48
クダクダ	25
クドクド	20
ブリブリ	19
ブウブウ	19
ゴチャゴチャ	7
タラタラ	7
グズグズ	7
グチュグチュ	3
プツプツ	2
グチャグチャ	2

笑う	合計
クスクス	269
ゲラゲラ	235
ケラケラ	233
ケタケタ	216
ヘラヘラ	195
ニヤニヤ	134
ニタニタ	112
ニコニコ	105
クツクツ	36
カラカラ	28

服	合計
ダブダブ	122
ヨレヨレ	96
ブカブカ	60
スケスケ	41
キチキチ	40
シワシワ	27
ギチギチ	19
ガバガバ	13

震える	合計
ブルブル	191
ワナワナ	115
ガクガク	81
プルプル	72
ガチガチ	56
ガタガタ	43

曲がる	合計
クネクネ	50
クニャクニャ	49
ウネウネ	42
クナクナ	40
グニャグニャ	31
ギザギザ	4
スニャフニャ	4
クダクダ	2

水	合計
ガブガブ	94
バシャバシャ	57
ゴクゴク	48
パチャパチャ	43
ヒタヒタ	35
ジャアジャア	31
ボチャボチャ	30
ピチャピチャ	29

泣く	合計
シクシク	198
オイオイ	149
ホロホロ	121
ワアワア	55
ヒクヒク	50
オメオメ	38
メロメロ	29
ポロポロ	27
ギャアギャア	21
クヨクヨ	21

飲む	合計
ゴクゴク	159
ガブガブ	138
グビグビ	94
ガバガバ	94
チビチビ	79
チョビチョビ	37
グイグイ	33

話す	合計
スラスラ	79
モソモソ	25
コソコソ	21
ポツポツ	20
ロウロウ	19
ボツボツ	18

光る	合計
ピカピカ	101
テカテカ	92
テラテラ	71
キラキラ	59
ツヤツヤ	48
ギラギラ	31
チカチカ	20
コウコウ	19

新曜社

感性のことば《オノマトペ》を研究する　新装版
擬音語・擬態語に読む心のありか

初 版 第 1 刷発行　1999年 7 月22日
新装版第 1 刷発行　2024年11月 8 日

編著者　苧阪直行
発行者　塩浦　暲
発行所　株式会社　新曜社
〒101-0051　東京都千代田区神田神保町 3 - 9
電話　03(3264)4973・FAX　03(3239)2958
E-mail: info@shin-yo-sha.co.jp
URL: https://www.shin-yo-sha.co.jp/
印刷・製本　株式会社　栄　光

ISBN 978-4-7885-1858-2　C1011

編著者・執筆者紹介

編著者

苧阪直行（おさか　なおゆき）

1976年　京都大学大学院教育学研究科博士課程修了

現　在　京都大学名誉教授，日本学士院会員（認知心理学・認知科学），
　　　　日本ワーキングメモリ学会会長

著　書　『意識とは何か』（岩波書店，1996），『心と脳の科学』（岩波書店，1998），
　　　　『笑い脳』（岩波書店，2010），『社会脳シリーズ全9巻』（新曜社，編著，2012-2015）

分担執筆者（執筆順）

福田香苗（ふくだ　かなえ）

1986年　京都大学大学院教育学研究科博士後期課程単位取得満期退学

現　在　大阪学院大学，滋賀大学非常勤講師

辻　　斉（つじ　ひとし）

1986年　京都大学大学院教育学研究科博士後期課程単位取得満期退学

元　　　京都大学総合メディアセンター助手

高橋雅延（たかはし　まさのぶ）

1986年　京都大学大学院教育学研究科博士課程修了

現　在　聖心女子大学名誉教授

川口敦生（かわぐち　あつお）

1989年　京都大学大学院教育学研究科博士後期課程単位取得満期退学

現　在　愛知県立芸術大学教授

菅眞佐子（すが　まさこ）

1985年　京都大学大学院教育学研究科博士後期課程単位取得満期退学

現　在　滋賀大学名誉教授，滋賀短期大学特任教授

苧阪満里子（おさか　まりこ）

1979年　京都大学大学院教育学研究科博士課程修了

現　在　大阪大学名誉教授，大阪大学先導的学際研究機構招へい教授

人名索引

事項索引

▶さ　行

▶た　行

▶な　行

▶は　行

▶ま　行

▶や　行

▶ら　行

▶わ　行

▶擬音語・擬態語

擬音語・擬態語関係文献

■辞典

浅野鶴子, 1978, 擬音語・擬態語辞典. 角川書店.

天沼寧, 1974, 擬音語・擬態語辞典. 東京堂出版.

尾野秀一, 1984, 日英擬音・擬態語活用辞典. 北星堂書店.

白石大二, 1982, 擬声語・擬態語慣用句辞典. 東京堂出版.

三戸雄一, 筧寿雄, 1981, 日英対照擬声語辞典. 学書房.

三戸雄一, 筧寿雄, 1984, 日英対照：擬声語（オノマトペ）辞典（再版改訂版）. 学書房.

藤田孝・秋保慎一, 1984, 和英擬音語・擬態語翻訳辞典, 金星堂.

改田昌直・クロイワカズ, 1985, 漫画で楽しむ英語擬音語辞典. 研究社.

■雑誌等の擬音語・擬態語特集号

言語生活（特集：擬声語・擬態語), 1965, 171号（12月号), 筑摩書房.

日本語学（特集：擬音語・擬態語), 1986, 5巻, 7月号, 明治書院.

ことばの宇宙（特集：擬態語), 1968, 10号, 東京言語研究所.

言語（特集：五感の言語学), 1989, 18巻, 11月号.

言語（特集：オネマトペ), 1993, 22巻, 6月号.

【1章】

[文献]

Berkeley, G. 1709, *An essay toward a new theory of vision.*

Boernstein, W. 1936, On the functional relations of the sense organs to one another and to the organism as a whole. *Journal of General Psychology*, 15, 117-131.

Koehler, W. 1947. *Gestalt Psychology.* New York: Riverright Publishing Corporation.

Marks, L. E. 1978, *The unity of the senses: Interrelations among the modalities.* Academic Press.

Martin, A. , Haxby, J. V., Lalonde, F. M., Wiggs, C. L., Ungerleider, L. G. 1995, Discrete cortical regions associated with knowledge of color and knowledge of action. *Science*, 270, 102-104.

Newman, S. S. 1933, Further experiments in phonetic symbolism. *American Journal of Psychology*, 45, 53-75.

Osaka, N. 1984, Psychophysical modality matching functions for perceptual and memory processes. XXIII International Congress of Psychology, Abstract vol. 2, 59.

Osaka, N. 1990, Multidimensional analysis of onomatopoeia: A note to make sensory scale from words. *Studia Phonologica*, 24, 25-33.

Williams, J. M. 1976, Synaesthetic adjectives. *Language*, 52, 461-478.

Posner, M. I., & Raichle, M. E. 1994, *Images of mind*. Scientific American Library, W. H. Freeman.

Sapir, E. 1929, A study of phonetic symbolism. *Journal of Experimental Psychology*, 12, 225-239.

青山秀夫, 1986, 朝鮮語の擬音語・擬態語. 日本語学, 5の7, 24-32.

波多野完治, 1954, 文章心理学入門. 新潮社.

早川勝広, 1973, 擬声擬態語の生成に関する一考察：幼児語を資料として. 国文学攷, 61, 29-37.

日向茂男, 1986, マンガの擬音語・擬態語（1）. 日本語学, 5の7, 57-67.

堀井令以知, 1986, 擬音語・擬態語の方言学, 日本語学. 5の7, 4-12.

石垣幸雄　1965, 擬音語・擬態語の語構成と語形変化. 言語生活, 171号, 30-37.

石黒魯平, 1951, 擬音語の名称を疑う. 言語研究, 16.

石野博史, 1982, 擬音語と擬態語・外来語・早口言葉. 言語, 11の7.

寿岳章子, 1962, 抄物における擬声語の使用率. 計量国語学, 22, 1-7.

筧寿雄, 1986, 英語の擬音語・擬態語. 日本語学, 5の7, 39-46.

川崎やよい, 1997, 子音の認知における母国語の影響. 京都大学文学部卒業論文.

小林英夫, 1965, 擬音語と擬容語. 言語生活, 171号, 18-29.

小林英夫, 1933, 国語象徴音の研究. 文学, 1の10

小嶋孝三郎, 1951, 擬声語の言語的性格（1）-（5）. 説林, 4, 29-33.

小嶋孝三郎, 1962, 現代短歌におけるオノマトペ：その象徴的用法を中心に. 国語と国文学, 50-68.

小嶋孝三郎, 1965, 詩人とオノマトペ. 言語生活, 171号, 50-57

小嶋孝三郎, 1967, 金閣寺におけるオノマトペ. 立命館文学. 261号, 65-83.

小嶋孝三郎, 1972, 現代文学とオノマトペ. 桜楓社.

神津友好他, 1965, 現代に生きる擬声語・擬態語. 言語生活, 171号, 2-17.

井原正男・岩原光春, 1938, 國語象徴音の表現性について. 心理学研究, 13, 411-428.

宮崎美義, 1935, 各種感性經験に於ける照應的特性について. 心理学研究, 9, 771-792.
宮地裕, 1978, 擬音語・擬態語の形態論小考. 国語学, 115.
前島年子, 1967, 時代を通して見た擬声語・擬態語. 日本文学, 28, 42-55.
松岡武, 1958, コトバと象徴. コトバの科学第3巻, 中山書店.
松本昭, 1986, 中国語の擬音語・擬態語. 日本語学, 5の7, 33-38.
水之浦律子, 1967, 触感における“さらさら”の表現について. 東洋大学短大論集3, 79-88.
村田孝次, 1983, 子どものことばと教育. 金子書房.
村田孝次, 1984, 日本の言語発達研究. 培風館.
森田雅子, 1953, 語音の結合の型より見た擬音語・擬態語：その歴史的推移について. 国語と国文学, 30, 46-61.
中村明, 比喩表現の理論と分類. 国立国語研究所報告57, 1977, 秀英出版.
中曽根仁, 1978, 児童の作文に見る擬声語・擬態語の実体調査：低学年の場合について. 作文と教育, 30の4, 58-64.
中野洋, 1970, オノマトペのイメージ. 言語生活, 229, 43-51.
大久保愛, 1967, 幼児言語の発達. 東京堂.
大坪併治, 1982, 象徴語彙の歴史. 講座日本語学4, 明治書院.
大坪併治, 1989, 擬声語の研究. 明治書院.
苧阪直行, 1986, 擬音語・擬態語の感覚尺度（Ｉ）ことばの精神物理学——連想順位表に基づく分析. 追手門学院大学文学部紀要, 20, 21-62.
苧阪直行他, 1986, 擬音語・擬態語の認知処理様式が広告刺激に及ぼす影響. 吉田秀雄財団昭和61年度助成研究集, p. 79-101.
苧阪直行, 1987, 擬音語・擬態語の感覚尺度（II）ことばの精神物理学——反応語に基づく連想順位表と刺激語に基づく主成分分析. 追手門学院大学20周年記念論集（文学部篇）, 87-124.
苧阪直行, 1998a, 心と脳の科学. 岩波書店.
苧阪直行, 1998b, 視覚的ワーキングメモリ. 心理学評論, 41, 142-153.
乙政潤, 1985, いわゆる「擬声語」の日独対照について. 大阪外国語大学ドイツ語学研究室「日本とドイツ」（１）, 昭和59年特定研究報告書, 47-150.
鈴木雅子, 1965, むかしの擬声語・擬態語. 言語生活, 171号, 60-65.
鈴木雅子, 1973, 擬声語・擬態語一覧. 品詞別日本文法講座, 品詞論の周辺, 明治書院, 140-184.
佐久間鼎, 1930, 音聲言語と『表情音聲』. 心理学研究, 5, 283-310.
佐久間鼎, 1933, 音声心理学. 国語科学講座２（音声学）, 明治書院.
佐久間鼎, 1939, 音声と言語. 内田老鶴圃.

佐久間鼎, 1943, 日本語の言語理論的研究. 三省堂.
佐久間鼎, 1959, 日本語の言語理論. 恒星社厚生閣.
櫻井順, 1986, オノマトピア. 電通出版事業部.
高橋巌, 1969, 幼児の言語と教育. 教育出版センター.
玉村文郎, 1982, 日本語の語彙および語の構造. 講座日本語学12, 明治書院.
田守育敬, 1989, 聴覚オノマトペをめぐって. 言語生活, 18, 11, 32-37.
戸田吉郎, 1983, 擬声語. 日本語, 2の1.
寺野寿郎, 1985, システム工学入門：あいまい問題への挑戦. 共立出版.
都竹通年雄, 1965, 方言の擬声語・擬態語. 言語生活, 171号, 40-49.
上村幸雄, 1965, 詩から拾った擬声語・擬態語. 言語生活, 171号, 72-73.
上村幸雄, 1965, 音声の表象性について. 言語生活, 171号, 66-70.
安居聡子, 1986, 子どもたちの擬音語・擬態語. 日本語学, 5の7, 47-56.
安本美典, 1960, 文章心理学の新領域. 誠信書房.
安本美典, 1968, 現代文学にみる擬態語. ことばの宇宙, 10, 23-32.
山口仲美, 1986, 古典の擬音語・擬態語. 日本語学, 5の7, 13-22.
山梨正明, 1988, 比喩と理解. 東京大学出版会.
矢田部達郎, 1948, 語音象徴について. 心理（京都）, 1, #4, 1-8.
矢田部達郎（訳）, 1941, カッシラー［言語］——象徴形式の哲学. 培風館（矢田部達郎著作集, 第10巻, カッシラア言語・神話・認識——象徴形式の哲学所収, 1983, 培風館.）
矢田部達郎, 1949, 児童の言語. 比叡書店（矢田部達郎著作集, 第8巻, 新版・児童の言語, 1983, 培風館.）
湯沢幸吉郎, 1931, 擬声語の収集. 国語教育, 10.

[学会発表]

擬音語・擬態語の実験的研究は1983年頃からスタートし, 第一段階の研究は「擬音語・擬態語の感覚尺度（1）——ことばの精神物理学」（苧阪, 1986), および「擬音語・擬態語の感覚尺度（2）—ことばの精神物理学：反応語に基づく連想順位表と刺激語に基づく主成分分析」（苧阪, 1987）でその基礎となるデータベースの構築を終わった. その後引き続き擬音語・擬態語研究グループによってこのデータベースを基盤として第2段階の発展的研究が行われた. 以下は, 1987年以降1990年まで, このグループが連名で発表してきた学会発表（主に日本心理学会, 日本教育心理学会など）で, 「擬音語・擬態語語の認知（1）-(14)」である.

（1）苧阪直行・辻斉・高橋雅延・福田香苗・川口敦生・苧阪満里子・菅眞佐子, 1987,

擬音語・擬態語語の認知（1）連想順位表の作成と感覚・感情尺度の構成. 日本教育心理学会第29回大会発表論文集, 894-895.

（2）辻斉・高橋雅延・福田香苗・川口敦生・苧阪満里子・菅眞佐子・苧阪直行, 1987, 擬音語・擬態語語の認知（2）連想順位表に基づく主成分分析. 日本教育心理学会第29回大会発表論文集, 896-897.

（3）高橋雅延・福田香苗・川口敦生・苧阪満里子・菅眞佐子・苧阪直行・辻斉, 1987, 擬音語・擬態語語の認知（3）再生における擬音語・擬態語の機能. 日本教育心理学会第29回大会発表論文集, 898-899.

（4）福田香苗・川口敦生・苧阪満里子・菅眞佐子・苧阪直行・辻斉・高橋雅延, 1987, 擬音語・擬態語語の認知（4）単文記憶における擬音語・擬態語の機能. 日本教育心理学会第29回大会発表論文集, 900-901.

（5）川口敦生・苧阪満里子・菅眞佐子・苧阪直行・辻斉・高橋雅延・福田香苗, 1987, 擬音語・擬態語語の認知（5）プライミング効果と線画・単語処理. 日本教育心理学会第29回大会発表論文集, 902-903.

（6）苧阪満里子・菅眞佐子・苧阪直行・辻斉・高橋雅延・福田香苗・川口敦生, 1987, 擬音語・擬態語語の認知（6）多義語の処理とプライミング効果. 日本教育心理学会第29回大会発表論文集, 904-905.

（7）菅眞佐子・苧阪直行・辻斉・高橋雅延・福田香苗・川口敦生・苧阪満里子, 1987, 擬音語・擬態語語の認知（7）幼児における擬音語・擬態語の産出と理解. 日本教育心理学会第29回大会発表論文集, 906-907.

（8）苧阪直行・苧阪満里子・辻斉・福田香苗・高橋雅延, 1988, 擬音語・擬態語語の認知 (8) マグニチュード・スケールによる尺度の構成. 日本教育心理学会第30回大会発表論文集, 854-855.

（9）苧阪満里子・辻斉・福田香苗・高橋雅延・苧阪直行, 1988, 擬音語・擬態語語の認知（9）7ポイント・カテゴリ・スケールによる尺度の構成. 日本教育心理学会第30回大会発表論文集, 856-857.

(10) 辻斉・福田香苗・高橋雅延・苧阪直行・苧阪満里子, 1988, 擬音語・擬態語語の認知 (10) 連想順位表に基づく構造分析. 日本教育心理学会第30回大会発表論文集, 858-859.

(11) 福田香苗・高橋雅延・苧阪直行・苧阪満里子・辻斉, 1988, 擬音語・擬態語語の認知 (11) 単文記憶にみられる擬音語・擬態語の特質（1）. 日本教育心理学会第30回大会発表論文集, 860-861.

(12) 高橋雅延・苧阪直行・苧阪満里子・辻斉・福田香苗, 1988, 擬音語・擬態語語の認知 (12) 奇異性と保持時間が再生に及ぼす効果. 日本教育心理学会第30回大会発表論文集, 862-863.

(13) 福田香苗・苧阪直行, 1989, 擬音語・擬態語語の認知（13)単文記憶にみられる擬音語・擬態語の特質（２）. 日本心理学会第53回大会発表論文集, 819.
(14) 福田香苗・苧阪直行, 1990, 擬音語・擬態語の認知（14), 日本教育心理学会第32回総会発表論文集, 341.

【２章】

［文献］

天沼寧編, 1973, 擬音語・擬態語辞典. 東京堂出版.
金田一晴彦, 1978, 擬音語・擬態語概説.（浅野鶴子編, 1978, 擬音語・擬態語辞典, 角川書店, 3-25.）
金田一春彦・林大・柴田武編, 1988, 日本語百科大事典, 大修館書店.
山田孝雄, 1936, 日本文法学概論. 宝文館.
橋本進吉, 1934, 国語法要説. 明治書院（国語法研究, 橋本進吉博士著作集, 第二冊, 岩波書店所収, 1948.）
竹内美智子, 1973, 副詞とは何か.（鈴木一彦・林巨樹編, 1973, 品詞別日本文法講座５, 連体詞・副詞, 明治書院, 73-146.）

【３章】

［文献］

Young, F. & Lewyckyz, R. 1979, *ALSCAL-4User's guide*(2nd edition), Chapel Hill: Data Analysis and Theory Associates.

天沼寧, 1974, 擬音語・擬態語辞典. 東京堂出版.
浅野鶴子, 1978, 擬音語・擬態語辞典. 角川書店.
梅本堯夫, 1969, 連想基準表. 東京大学出版会.
苧阪直行, 1986, 擬音語・擬態語の感覚尺度（１）. 追手門学院大学文学部紀要, 20, 21-62.
苧阪直行, 1987, 擬音語・擬態語の感覚尺度（２）. 追手門学院大学20周年記念論文集, 87-124.
苧阪直行, 1994, 精神物理学的測定法.（大山正他編, 新編感覚知覚心理学ハンドブック, 誠心書房.）
川崎やよい, 1997, 子音の認知における母国語の影響. 京都大学文学部卒業論文.
白石大二, 1982, 擬声語・擬態語慣用句辞典. 東京堂出版.
松岡武, 1958, コトバと象徴, コトバの科学第３巻. 中山書店.
室山敏昭, 1972, "人の歩く姿に関する擬態副詞語彙"の意味構造についての一試論.

国語学, 90, 25-41.

【4章】

[文献]

福田香苗・川口敦生・苧阪真理子・菅眞佐子・苧阪直行・辻斉・高橋雅延, 1987, 擬音語・擬態語の認知（4）単文記憶における擬音語・擬態語の機能. 日本教育心理学会第29回総会発表論文集, 900-901.

福田香苗・苧阪直行, 1993, 擬音語・擬態語の認知（17）単文記憶にみられる擬音語・擬態語の特質（4）. 日本心理学会第57回大会発表論文集, 436.

豊田弘司, 1987, 偶発学習に及ぼすイメージ喚起性及び意味的適合性の効果. 教育心理学研究, 第35巻, 第4号, 300-308.

[注]

(1) 時間×実験条件の2要因分散分析を行った結果, 両主効果とそれらの交互作用が有意であった（時間の主効果, $F(2, 94)=104.8821$, $p<.01$. 条件の主効果, $F(3, 141)=7.8991$, $p<.01$. 交互作用, $F(6, 282)=7.3338$, $p<.010$）.

(2) 1要因分散分析の結果, 主効果が有意であり（$F(3, 141)=4.8029$, $p<.01$）, 下位分析の結果, B条件と他の条件との間に評定値の有意差があった.

(3) ピアソンの相関係数を算出したところ, 1週間後の再認では, A, B, C, D条件の順に,.20,.16, -.22, -.22で, 全体では-.03であった. また, 13週間後の再認では, A, B, C, D条件の順に,.23,.35,.13,.38で, 全体では.18であった. この相関係数は−1.00〜+1.00の値をとり, ±1.00に近づくほど2者の相関が高く, 0.00に近づくほど相関が低いことを示すものである.

【5章】

[文献]

Andreoff, G. R., & Yarmey, A. D., 1976, Bizarre imagery and associative learning: A confirmation. *Perceptual and Motor Skills*, 43, 143-148.

Bower, G. H., & Clark, M. C., 1969, Narrative stories as mediators for serial learning. *Psychonomic Science*, 14, 181-182.

Einstein, G. O., & McDaniel, M. A., 1987, Distinctiveness and the mnemonic benefits of bizarre imagery. In M. A. McDaniel & M. Pressley (Eds.), *Imagery and related mnemonic processes*, New York: Springer-Verlag, Pp. 78-102.

Nappe, G. W., & Wollen, K. A., 1973, Effects of instruction to form common and bizarre mental images on retention. *Journal of Experimental Psychology*, 100,

6-8.
Ritchey, G. H., 1980, Picture superiority in free recall: The effects of organization and elaboration. *Journal of Experimental Child Psychology*, 29, 460-474.
Ritchey, G. H., & Beal, C. R., 1980, Image detail and recall: Evidence for within-item elaboration. *Journal of Experimental Psychology: Human Learning and Memory*, 6, 66-76.
Wollen, K. A., Weber, A., & Lowry, D. H., 1972, Bizarreness versus interaction of mental images as determinants of learning. *Cognitive Psychology*, 3, 518-523.
Yates, F. A., 1966, *The art of memory*. Chicago: University of Chicago Press.（フランセス・A・イエイツ著，玉泉八州男（監訳)，青木信義・井出新・篠崎実・野崎睦美（訳）1993, 記憶術. 水声社.）

森川弥寿雄, 1965, 言葉の連合, 創文社.
苧阪直行, 1986, 擬音語・擬態語の感覚尺度（Ⅰ）ことばの精神物理学――連想順位表に基づく分析. 追手門学院大学文学部紀要, 20, 21-62.
清水寛之, 1987, 記憶術の心理学的基礎. 大阪市立大学大学院文学研究科人文論叢, 16, 1-18.
篠原弘章, 1984, 行動科学の BASIC (2) 実験計画法. ナカニシヤ出版.
篠原弘章, 1986, 行動科学の BASIC (3) 続実験計画法. ナカニシヤ出版.
高橋雅延, 1987, 記憶における精緻化様式の相違と精緻化対象についての検討. 心理学研究, 57, 357-364.
高橋雅延, 1997a, 記憶における符号化方略の研究, 北大路書房.
高橋雅延, 1997b, 悲しみの認知心理学－気分と記憶の関係　松井豊編　悲嘆の心理　サイエンス社 Pp. 52-82
高橋雅延, 1998, 自由連想事態における情動語の偶発記憶　聖心女子大学論叢, 90, 5-25.
梅本堯夫, 1969, 連想基準表――大学生1000人の自由連想による. 東京大学出版会.
安本美典, 1980, 広告の心理学. 大日本図書.

[注]

（1）これらの正再生ペア数をもとに，刺激語の種類×連想関係の強さ×学習方法の3要因分散分析を篠原（1984）にしたがって行った.
（2）自由再生では，刺激語の種類，連想関係の強さ，学習方法の主効果で，それぞれ有意差が認められた（F =23. 31, df =1/160, p＜.01; F =182. 95, df =1/160, p＜.01; F

=15. 97, df =1/160, p＜.01). また, 手がかり再生でも, 刺激語の種類, 連想関係の強さ, 学習方法の主効果で, それぞれ有意差が認められた (F =53. 33, df =1/160, p＜.01; F =802. 95, df =1/160, p＜.01; F =5. 24, df =1/160, p＜.01).

(3) 連想関係の強さ×学習方法の交互作用が有意であった (F =6. 77, df =1/160, p＜.01).

(4) 刺激語の種類×連想関係の強さの交互作用が有意であった (F =21. 50, df =1/160, p＜.01).

(5) これらの正再生ペア数をもとに, 刺激語の種類×連想関係の強さ×保持時間の3要因分散分析を篠原 (1986) にしたがって行った. その結果, 刺激語の種類×連想関係の強さの交互作用が有意であったので (F =12. 19, df =1/62, p＜.01), 擬音語・擬態語, 連想語別に, 連想関係の強さ×保持時間の2要因分散分析を篠原 (1986) にしたがって行った.

(6) 連想関係の強さと保持時間の主効果でのみ, それぞれ有意差が認められた (F =51. 64, df =1/35, p＜.01; F =9. 17, df =1/35, p＜.01).

(7) いずれの主効果, 及び, 交互作用も有意ではなかった.

【6章】

[文献]

Collins, A. M. & Loftus, E. F., 1975, A spreading activation theory of semantic processing. *Psychological Review*, 82, 407-428.

Fodor, J. A., 1983, *The Modularity of Mind*. Cambridge, Mass. MIT Press. (伊藤笏康・信原幸弘訳, 精神のモジュール形式. 産業図書.)

Kroll, J. F. & Potter, M. C., 1984, Recognizing words, pictures, and concepts: A comparison of lexical, object, and reality decisions. *Journal of Verbal Learning & Verbal Behavior*, 23, 39-66.

Lupker, S. J., 1984, Semantic priming without association: A second look. *Journal of Verbal Learning & Verbal Behavior*, 23, 709-733.

Lupker, S. J., 1988, Picture naming: An investigation of the nature of categorical priming. *Journal of Experimental Psychology: Learning, Memory, and Cognition*, 14, 444-455.

Nelson, D. L., 1979, Remembering pictures and words: Appearance, significance, and name. In L. S. Cermak & F. I. M. Craik (Eds.), *Levels of processing in human memory*, L. E. A. pp. 45-76.

Paivio, A., 1986, *Mental representations: A dual coding approach*. Oxford: Oxford University Press.

Seidenberg, M. S., Waters, G. S., Sanders, M., and Langer, P., 1984, Pre-and postlexical loci of contextual effects on word recognition. *Memory & Cognition*(4), 315-378.

Snodgrass, J. G. & Vanderwart, M., 1980, A standardized set of 260pictures: Norms for name agreement, image agreement, familiarity, and visual complexity. *Journal of Experimental Psychology: Human Learning and Memory*, 2, 174-215.

Snodgrass, J. G., 1984, Concepts and their surface representations. *Journal of Verbal Learning and Verabal Behabior*, 23, 3-22.

Sperber, R. D., McCauley, C., Ragain, R. D., and Weil, C. M., 1979, Semantic priming effects on picture and word processing. *Memory & Cognition*, 7, 339-345.

天沼寧編, 1973, 擬音語・擬態語辞典. 東京堂出版.

遠藤汪吉, 1983, ことばの心理学. ナカニシヤ出版.

金田一春彦, 1982, 日本語セミナー（二）日本語のしくみ. 筑摩書房.

苧阪直行, 1986, 擬音語, 擬態語の感覚尺度（I）. 追手門学院大学文学部紀要(20), 21-62.

松川順子, 1997, 視覚的対象認知に関する実験的研究. 風間書房

吉川左紀子・乾敏郎, 1986, 記憶実験用82線画とその最多命名反応, イメージ一致度, 複雑さの適切度および熟知度. 心理学研究（57), 175-178.

【7章】

［文献］

苧阪直行, 1986, 擬音語・擬態語の感覚尺度（I）ことばの精神物理学——連想順位表に基づく分析. 追手門学院, 大学文学部紀要, 第20号, 21-62.

丹野眞智俊, 1988, オノマトペにおける清音と濁音の対比（5）. 日本心理学会第52会大会論文集.

村上宣寛, 1980, 音象徴仮説の検討——音素, SD法, 名詞及び動詞の連想語による成分の抽出と, それらのクラスター化による擬音語・擬態語の分析. 教育心理学研究, 第28巻, 第3号, 10-18.

山梨正明, 1988, 認知科学選書17, 比喩と理解. 東京大学出版会.

【8章】

［文献］

Fodor, J. A., 1983, *The modularity of mind*. Cambridge: MIT Press.

Kintsch, W. & Mross, E., 1985, Context effects in word identification. *Journal of Verbal Learning & Verbal Behavior*, 24, 336-349.

Klatzky, R. L. 1975, *Human memory: structures and processes*. San Fransico and London: Freeman and Company. (箱田裕司・中溝幸夫訳, 1982, 記憶のしくみ, サイエンス社.)

Meyer, D., & Schvaneveldt, R., 1971, Facilitation in recognizing pairs of words: Evidence of a dependence between retrieval operations. *Journal of Experimental Psychology*, 90, 227-234.

Neeley, J. H. 1977, Semantic Priming and retrieval from lexical memory: Roles of inhibitionless spreading activation and limited-capacity attention. *Journal of Experimental Psychology*: General, 106, 226-254.

Onifer, W. & Swinney, D., 1981, Accessing lexical ambiguities during sentence comprehension: Effects of frequency of meaning and contextual bias. *Memory & Cognition*, 9, 225-236.

Posner, M. & Snyder, C., 1975, Facilitation and inhibition in the processing of signals. In P. Rabbitt & S. Deornic (Eds.), *Attention & performance*, vol. V, New York: Academic Press, 669-682.

Schvaneveldt, R., Meyer, D., & Backer, C., 1976, Lexical ambiguity, semantic context, and visual word recognition. *Journal of Experimental Psychology: Human Perception & Performance*, 2, 243-256.

Seidenberg, M., Tannenhause, M., Leiman, J., & Bienkowski, M., 1982, Automatic access of the meanings of ambiguous words in context: Some limitations of knowledge based processing. *Cognitive Psychology*, 14, 489-537.

Swinney, D., 1979, Lexical access during sentence comprehension. *Journal of Verbal Learning & Verbal Behavior*, 18, 645-659.

苧阪直行, 1986, 擬音語・擬態語の感覚尺度（I）ことばの精神物理学――連想順位表に基づく分析. 追手門学院大学文学部紀要, 20, 21-62.

［注］

（1）被験者への教示は，一試行の間に出てくる一連の単語はすべてよく見ておくこと，ターゲットに対する反応は正確にかつできるだけ速くおこなうこととした.

（2） 2種類のSOAによりRTがどのように変化するのかを統計分析により確認してみた. SOA（1000, 250）とプライム条件（RP, RN, RC, UC）の2要因分散分析の結果, プライム条件の主効果（$F(3, 54)=98.34$, $p<.01$）とSOAとプライム条件の交互作用（$F(3, 54)=6.34$, $p<.01$）が統計的に有意であった.

（3）SOAと文脈（正, 負）の2要因分散分析の結果, SOAの主効果（$F(1, 18)=5.75$, $p<.05$）と文脈の主効果（$F(1, 18)=51.70$, $p<.01$）が, さらにSOAと文脈の交互作用（$F(1. 18)=13.34$, $p<.01$）も統計的に有意であった.

【9章】

［文献］

Rosch, E. H., 1973, On the internal structure of perceptual and semantic categories. In T. E. Moore (Ed.), *Cognitive development and the acquisition of language*, New York: Academic Press.

泉邦寿, 1978, 擬声語・擬態語の特質. 鈴木孝夫編, 日本語講座, 第4巻, 日本語の語彙と表現, 大修館書店.

前田富祺・前田紀代子, 1983, 幼児の語彙発達の研究. 武蔵野書院.

苧阪直行, 1986, 擬音語, 擬態語の感覚尺度（I）連想順位表にもとづく分析. 追手門学院大学文学部紀要20, 21-62.

苧阪直行, 1987, 擬音語, 擬態語の感覚尺度（II）反応語に基づく連想順位表と刺激語に基づく主成分分析. 追手門学院大学20周年記念論集87-124.

苧阪直行・辻斉・高橋雅延・福田香苗・川口敦生・苧阪満里子・菅眞佐子, 1987, 擬音語・擬態語の認知（I）連想順位表の作成と感覚・感情尺度の構成. 日本教育心理学会第29回総会発表論文集894-895.

［注］

（1） 幼児においては, 各刺激語に対して反応語を2つ以上答えた被験者もいくらかいたが, そのような場合でも他の被験者と共通するような反応はほとんどみられなかった. そのため, 幼児に関しては第1反応のみを分析した.

（2）小学生, 大学生に関しては反応語数そのものが多かったことから, 反応語の分析では, 第3反応までにその語を産出した被験者数が3以上のものをとりあげた. そして, それぞれの語について, それを第1反応で答えた者, 第2反応で答えた者, 第3反応で答えた者, およびその合計の数を求めた.

（3） 幼児に関しては, 同一の被験者に対して実験Iと実験IIの課題が連続して行われた. 施行順序はどの被験者に対しても実験I, IIの順であった.

（4）年齢間の統計的な有意差は，テクテク（p＜.1），ペラペラ（p＜.05）でみられ，ギョロギョロでは差のある傾向（p＜.10）がみられた（χ^2-test）．また，5歳児では，テクテクとペラペラ及び正反応率がそれ以下のものとの間，テクテクとザアザアおよびそれ以上のものとの間，6歳児では，ザアザアとテクテク及びそれ以上のものとの間，ザアザアとギョロギョロ及びそれ以下のものとの間，ギョロギョロとソワソワの間，のそれぞれでp＜.5の水準で有意差がみられた．

【10章】

［文献］

福田香苗・苧阪直行，1991，擬音語・擬態語の認知（15）2歳7ヶ月児Kの観察記録より．日本心理学会第55回，大会発表論文集，390.

福田香苗・苧阪直行，1992，擬音語・擬態語の認知（16）K児の3歳6ヶ月時の観察記録より．日本心理学会第56回大会発表論文集，814.

佐々木正人，1987，からだ：認識の原点．認知心理学選書15，東京大学出版会．

石黒広昭，1993，オノマトペの「発生」．言語，第22巻，第6号，26-33.

［注］

（1）福田・苧阪（1991）の擬音語・擬態語の総数より多いのは，再度それらの擬音語・擬態語を調べなおしたところ，異なる指示内容をあらわしているのに，同一の語と数えていたことがわかり，それらを別な語として分けたためである．また，このとき，変え歌様の1語を除外した．

(2)福田・苧阪（1992）の擬音語・擬態語の総数より少ないのは，再度それらの擬音語・擬態語を調べなおしたところ，同一の指示対象を示す語を除外しそびれていたことがわかり，それらを新たに除外したためである．

【11章】

［文献］

金田一春彦，1992，日本語（新版）．岩波書店．

小磯由佳，1992，スワヒリ語のオノマトペア．大阪外国語大学スワヒリ，アフリカ研究，25-44.

乙政潤，1985，いわゆる「擬声語」の日独対照について．大阪外国語大学ドイツ語学研究室「日本とドイツ」（1），昭和59年特定研究報告書，47-150.

菅野裕臣，1986，オノマトペの響き〈豊かな語彙と音〉月刊言語，15，54-59.